영국 사인 엿보기

영국 사인 엿보기

초판 1쇄 인쇄 | 2012년 8월 23일
초판 1쇄 발행 | 2012년 8월 29일

지은이 | 신현택
펴낸곳 | 함께북스
펴낸이 | 조완욱

등록번호 | 제1-1115호
주소 | (412-230) 경기도 고양시 덕양구 행주로 83번길 51-11
전화 | 031-979-6566~7
팩스 | 031-979-6568
이메일 | harmkke@hanmail.net

ISBN 978-89-7504-577-6   03320

영국 사인 엿보기

신현택 지음

British Signs
at a Glance

영국의 옥외 광고물, 거리 표지판 및 신호,
기타 각종 사인물의 하드웨어적 점검은
물론 소프트웨어와 트렌드를 살피고
시사점을 찾아 보자.

"사인(signs: signage)은 비주얼적 언어이자 사회적 약속이다.
이 점에서 영국은 단연 선진국이다. 국민들이 사인 콘텐츠를
잘 준수하기 때문이다."

함께
BOOKS

격려사

본인은 1980년대 중반부터 제일기획(www.cheil.co.kr)의 PR(Public Relations) 고문으로 일하게 되면서 당시 국제광고국 AE(Account Executive) 였던, 이 책의 지은이 신현택 씨를 처음 만났다. 당시 지은이는 유나이티드 항공(United Airlines)의 한국 내 런칭 캠페인(launching campaign) 및 삼성전자, 삼성전관 등의 외국매체 광고 캠페인 등의 업무를 수행했던 것으로 기억한다.

지은이와 본인은 그 당시 한국에서는 아직 생소한 PR이라는 분야와 PR 대행사의 설립 필요성에 대해서 많은 의견을 교환했던 바, 본인은 1989년 KPR(KPR & Associates, Inc; www.kpr.co.kr)이라는 PR 대행사를 설립, 현재에 이르게 되었다.

지은이는 1989년 가을 제일기획의 초대 런던지점장으로 부임하여 서유럽 삼성전자 현지법인들의 마케팅 및 광고 업무를 지원했으며 그 이후 20여 년 가까이 런던에 거주하면서 동일한 업무에 종사해 왔다.

『영국 사인 엿보기』가 발행되는 2012년에는 마침 런던에서 올림픽이 열린다. 오랫동안 런던에서 거주했던 지은이로서는 남다른 감회를 느낄 이벤트라 짐작된다.

본인 역시 많은 시간을 한국 이외에 미국과 일본에서 지내고 있다.

이들 국가는 오늘날 세계를 선도하는 국가들이다. 그런데 이들 국가에 가장 큰 영향을 미친 나라는 영국이라고 할 수 있다. 특히 미국의 상류층은 영국계 인물들로 구성되어 있고 따라서 미국과 영국은 각별한 돈독함을 유지하고 있는 게 사실이다. 한편 일본은 정치적으로는 의회 제도부터 사회 문화적으로는 교통 및 교육 제도에 이르기까지 근대 문물의 근간을 영국으로부터 받아들였다고 하겠다.

『영국 사인 엿보기』는 전 세계적으로 많은 규범과 표준을 제정한 나라인 영국의 사인 분야에서 눈에 보이는 것뿐만 아니라 그 이면의 함축적인 의미들을 새로운 시각에서 조망한 책이다.

선진국의 반열에 막 진입하기 시작한 대한민국에 이 책의 내용이 비주얼 커뮤니케이션즈(visual communications) 부문에서 나름대로 벤치마크가 되거나 전문적인 토론의 계기를 제공하게 되기를 기대하면서, 사인이라는 독특한 주제를 택하여 많은 시간 다방면으로 자료를 수집, 분석하여 고찰한 지은이의 노고를 격려하고자 한다.

2012년 6월

김한경(Kay H Imm, Mrs) / KPR 회장

서론

사인(sings; signage)은 비주얼적 언어이자 사회적 약속이다. 이 점에서 영국은 단연 선진국이다. 국민들이 사인 콘텐츠를 잘 준수하기 때문이다.

지은이는 1989년 9월 종합광고대행사인 제일기획의 초대 런던지점장으로 부임하면서부터 영국과 인연을 맺게 되었다. 어느새 20여 년의 시간이 흐른 셈이다.

가장 최근 세계사상 전 세계적으로 식민지를 보유하면서 대영제국이라는 칭호를 얻은 나라, 가정 성공적인 역사를 가졌다고 자부하는 나라, 지금도 세계적으로 영연방이라는 기구의 수장국 역할을 수행하는 나라, 미국과 함께 세계 경찰의 역할을 자처하는 나라… 이렇듯 모범생적인 모습의 이면에는 1960~1980년대 경제 침체를 야기한 '영국병(British disease)', 즉 과거의 영광에 안주하며 안일과 방종을 일삼던 사회적 태만도 있었다. 그러나 최근 영국은 '쿨 브리타니아(Cool Britannia)'를 부르짖으며 다시 세계적 리더로 자리를 잡고자 노력 중이다. 2012년 엘리자베스 2세 여왕의 즉위 60주년 그리고 런던 하계 및 장애인 올림픽 등 굵직한 행사들은 그런 점에서 영국이 재도약하는 데 커다란 전환점이 될 것으로 보인다.

한편, 한국은 5천 년 역사상 가장 화려하게 국운이 상승하고 있다.

한국 상품 브랜드는 이제 더 이상 수십 년 전의 싸구려 모조품(cheap imitation)이 아니라 고품질의 대명사로 자리 잡았다.

　지은이는 이 책을 통해 한국이 다른 모든 분야에서와 마찬가지로 사인 부문에서도 세계 정상급에 도달하기 위해서 세계적 표준을 많이 제정한 영국이라는 나라에서는 어떻게 사인이 운영되는지 이모저모를 살펴보고자 노력했다. 이 책은 학구적이라기보다는 경험적 고찰 내용이 많이 담겨 있음을 주지하기 바란다.

2012년 6월

신현택(Nicholas(Hyun Tag) Shin)

차례

옥내외 광고매체

101 한국 기업 브랜드들이 점령한 런던 피커딜리 서커스 · 12

102 CLP 광고매체 · 17

103 공중전화 부스 광고매체 · 21

104 런던 지하철 전동차 내 광고매체 · 25

105 주유소 매체 · 31

106 광고 카드 매체 · 34

107 버스 내부 사이니지 · 37

108 화장실 광고매체 · 42

109 하마의 이미지와 연계한 랜드로버 크리에이티브 · 45

110 런던의 명물 이층버스는 훌륭한 옥외매체 · 48

111 런던올림픽조직위의 옥외광고 캠페인 · 52

112 인비세오 사의 IVT 매체 · 54

113 '디지털 에스컬레이터 패널' 매체 · 58

114 우체국 DID 매체 · 62

115 항공기에서 내려다보이는 지상 매체 · 65

116 ATM 스크린 매체를 이용한 애플타이저의 판촉 캠페인 · 68

117 소셜 미디어와 디지털 옥외매체를 이용한 폭스바겐 광고 · 71

118 보는 이의 성별에 따라 다른 광고를 표출하는 버스쉘터 동영상 · 74

119 버스쉘터가 체험 마케팅 현장으로 진화 · 77

120 리플릿 거치대 매체 · 79

도로 및 교통 사인

201 횡단보도 점멸 경고등 · 84

202 도로명 표지판 · 88

203 Together for London · 93

204 유럽에서의 차량 번호판 국가 코드 · 96

205 영국 차량 번호판의 비밀 · 98

206 런던 지하철 노선표지 · 101

207 런던 버스 정류장 사인 · 106

208 도로 횡단 시 주목해야 할 방향 · 109

209 인도와 차도의 철저한 구분 · 112

시설물 사인

301 자전거 임대 시스템 · 118
302 쓰레기 처리장과 재활용품 수거함 · 121
303 공식 런던 2012 숍 · 124
304 차량편 영국과 프랑스를 이동하는 채널 터널 · 127

사인 문화 및 트렌드

401 고객의 편의를 염두에 둔 점포의 영업시간 안내판 · 132
402 일간지들의 콤팩트 포맷화 추세 · 135
403 부동산 매매 및 임대 사인 · 137
404 런던 지하철 주제 기념상품 · 140
405 공동묘지는 마을 안에 소재 · 142
406 카페 느낌이 드는 부동산 중개소 · 146

영국의 상징

501 영연방 국기 · 152
502 '런던 아이', 런던의 랜드마크 · 155
503 안정적이고 침울하며 엄숙한 분위기의 런던 · 160
504 세계 최고 인기를 누리는 영국 왕실 · 163

부록

1 영국 국가 개요 · 168
2 영국식 영어 · 183

"Imagination is more important than knowledge. Knowledge is limited. Imagination encircles the world."

"상상력이란 지식보다 훨씬 중요하다.
지식에는 한계가 있다.
상상력은 세계를 에워싼다."

Albert Einstein
(14th March 1879~18th April 1955)

Albert Einstein was a German-born theoretical physicist. He is best known for his theory of relativity and specifically mass-energy equivalence, expressed by the equation $E = mc^2$. Einstein received the 1921 Nobel Prize in Physics "for his services to Theoretical Physics" and especially for his discovery of the law of the photoelectric effect.

Guiding Stars™ English Poster
(c) 2010 www.guidingstars.net. All rights reserved.
Tel: +82 (0)2 2663 0942 · Fax +82 (0)2 6442 9687
Email: englishposters@guidingstars.net
영문 책상머리 시모음집 (출판사인지: www.echosite.com)
인쇄 서울특별시 신세중산 국중 제작 스마 (제작 위탁)
자료공급(국제저작물 신세중산 국중 제작 스마 (30-358-860))
영문: ACTcom Media Services Ltd (www.actcom.net)
8 Merionsdene Close, Hampton,
Middlesex TW12 2SL, United Kingdom
English Text: www.guidingstars.net
이 포스터는 www.guidingstars.net 에서 판매합니다
영문 포스터는 법적 프로스터를 무단으로 복사, 전재할 수 없습니다
저작권 관리기관 기관기 무단배 됩니다 영문 복사할 수 있
단, 교육목적 을 위한 복사는 무상 배포할 수 있습니다
국내 교육용에 대하여는 판매할 책임을 지지 않습니다 (판매금지)

Serial No: 05-MP-00001-KR
Source: Fotolia & Wikimedia Commons / U.S. Library of
Congress Prints & Photograph Division Studios
Photographer / Illustrator: Christian georgescu
Licensing purchased by ACTcom Media Services Ltd
Claim Jack Turner - Licensing considered to be released
into the public domain.
Planner: Nicholas Hyun Tag Shin
Designer: Kang Min Kyung
Korean text provided by ACTcom Media Services Ltd

101 한국 기업 브랜드들이 점령한 런던 피커딜리 서커스 · 12

102 CLP 광고매체 · 17

103 공중전화 부스 광고매체 · 21

104 런던 지하철 전동차 내 광고매체 · 25

105 주유소 매체 · 31

106 광고 카드 매체 · 34

107 버스 내부 사이니지 · 37

108 화장실 광고매체 · 42

109 하마의 이미지와 연계한 랜드로버 크리에이티브 · 45

110 런던의 명물 이층버스는 훌륭한 옥외매체 · 48

111 런던올림픽조직위의 옥외광고 캠페인 · 52

112 인비세오 사의 IVT 매체 · 54

113 '디지털 에스컬레이터 패널' 매체 · 58

114 우체국 DID 매체 · 62

115 항공기에서 내려다보이는 지상 매체 · 65

116 ATM 스크린 매체를 이용한 애플타이저의 판촉 캠페인 · 68

117 소셜 미디어와 디지털 옥외매체를 이용한 폭스바겐 광고 · 71

118 보는 이의 성별에 따라 다른 광고를 표출하는 버스쉘터 동영상 · 74

119 버스쉘터가 체험 마케팅 현장으로 진화 · 77

120 리플릿 거치대 매체 · 79

**옥내외
광고매체**

한국 기업 브랜드들이 점령한 런던 피커딜리 서커스

런던에서 유일하게 대형 동영상 매체를 볼 수 있는 곳

런던의 피커딜리 서커스(Piccadilly Circus)는 대형 LED 전광판 매체가 군집하여 소재한 세계적 아이콘 중 하나이다.

런던의 길거리를 다니다 보면 동영상 매체가 거의 없음을 느낄 수 있다. 이는 동영상 매체가 차량 운전자의 시선을 사로잡아 교통사고를 유발할 가능성이 있기 때문이다. 최근에는 기존 야립 매체나 버스쉘터 매체 등이 LED 전광판으로 교체되는 추세이나 이들 매체에 표출되는 광고물은 동영상이 아니라 순차적으로 등장하는 정지영상이다.

그러나 런던 내에서 유일하게, 그것도 대형 동영상 매체를 볼 수 있는 곳이 바로 피커딜리 서커스이다. 여러 가지 이유 중 하나는 교통 체증 및 수많은 횡단보도 신호등들 때문에 해당 지역의 차량 교통 속도가 상당히 낮다는 데 있다.

해당 지역에 최초로 광고를 집행한 광고주는 페리에(Perrier)로 1908년에 최초로 게첨을 시작했으며 코카콜라(Coca Cola)는 1955년 이후 지속적으로 광고를 집행하고 있다.

전통적으로 네온 매체로 운영되던 피커딜리 서커스의 광고물들은 처칠(Churchill) 수상 및 다이애나(Diana) 황태자비의 서거를 추도하기 위해 일시에 소등된 적도 있다.

1994년 하반기에 최초 게첨된 삼성 광고물의 규격은

Samsung	McDonald's	TDK
12.17 m x 12.48 m	12.41 m x 6.72 m	20.16 m x 4.8 m
(151.88 ㎡)	(83.39 ㎡)	(96.77 ㎡)
Coca Cola	Hyundai	Piccadilly Lite
32.64 m x 6.72 m	20.16 m x 5.76 m	24.6 m x 2.02 m
(219.34 ㎡)	(116.12 ㎡)	(49.69 ㎡)

12.17m×12.48m로서 코카콜라 광고물에 이어 2번째로 크다.

피커딜리 서커스의 LED 전광판 매체는 랜드 시큐리티즈(Land Securities; www.landsecurities.com)라는 영국 최대 상업용 부동산 전문회사가 1968년부터 운영하고 있다. 이 회사는 해당 지역의 광고매체뿐만 아니라 지상층 점포 임대도 대행하고 있다.

랜드 시큐리티즈가 2004년에 시행한 소구대상 조사에 의하면 피커딜리 서

[사진 1] 2008년 9월 피커딜리 서커스의 전광판 전경
[표 1] 2012년초 게첨 중인 광고물들의 규격

[사진 2] 1931년도 피커딜리 서커스 네온 매체 모습

커스의 매체는 매주 1,122,084명에게 노출되었다.

과거 피커딜리 서커스의 네온들은 현재는 모두 LED 전광판으로 교체되었다. 이 지역의 세계적 유명세는 뉴욕의 타임스스퀘어(Times Square) 수준에 필적한다.

한국계 기업으로는 최초로 삼성전자가 기존 파나소닉(Panasonic)을 뒤이어 1994년에 네온을 설치했다가 2005년 LED로 교체하였다. 또한 LG전자가 2007년 옥상 LED를 설치하였다.

마지막으로는 1987년부터 자리 잡고 있던 산요(Sanyo)의 자리를 현대자동차가 2010년 9월 말부터 차지하기 시작했다.

결국 총 7개의 장기 고정 광고면 중 한국계 기업 브랜드가 3개를 차지한 것이다. 이는 세계 시장에서 한국계 기업들의 약진과 함께 일본계 기업의 침체를 반영하는 듯한 느낌이 든다. 이는 필자만의 개인적인 생각이 아니라 런던 현지의 영국인들과 이야기를 나누어 보면 역시 동일한 의견들을 피력한다. 한국인으로서 자부심을 느껴도 좋을 듯…

[사진 3] 1896년의 피커딜리 서커스
[사진 4] 2012년 1월 현재 피커딜리 서커스의 옥상 전광판 전경(LG 전자)

[사진 5] 2012년 1월 현재 피커딜리 서커스의 전광판 전경(삼성전자, 맥도널드, 코카콜라, TDK 및 현대자동차)

CLP 광고매체

인도에 통행인들의 눈높이 맞춰 설치… 탁월한 노출과 임팩트

런던은 물론 영국 내 다른 도시를 방문하면 길거리에서 자주 접하게 되는 광고매체가 있다. 매체사마다 일컫는 명칭이 조금씩 달랐으나 최근에는 주로 CLP(city light poster)로 통일화되는 추세…

규격은 가로 120cm(47.5인치)×세로 175cm(68.5인치)로 런던의 버스쉘터 광고매체 규격과 동일하다. 이는 유럽과 미국 어느 지역을 가도 동일하게 유지되는 표준 규격이다.

CLP를 운영하는 매체사에 상관없이 규격이 통일되어 있어 광고주가 CLP 또는 CLP와 버스쉘터 혼합 광고 캠페인을 원할 경우 화면 제작 및 게첨이 수월하다.

CLP는 야립 매체(billboard)에 비하여 규격은 작지만, 인도에 통행인들의 눈높이에 맞추어 설치되어 있어 야립 매체에 못지않은 노출과 임팩트를 보유하고 있다.

또한 잡지 광고의 콘텐츠와 같이 비교적 상세한 내용을 수록할 수 있는 게 장점이다.

야간에는 후면 조명(back illumination)이 되어 도심을 밝히는 가로등의 역할도 한다. CLP라는 명칭은 여기서 유래된 듯…

인도에 설치되는 CLP는 사람들의 통행을 방해하지 않으면서 이동 동선에 직각이 되는 방향으로 노출 각도를 최대한 높이는 게 매체 운영의 관건이라고 할 수 있다.

하지만 이 경우 매체로서의 노출 효과는 좋지만 그만큼 사람들의 불만 제기의 원인이 될 수도 있다.

그런 점에서 CLP는 공익적 기능을 포함하고 있는 게 대부분이다. 즉, CLP 하단에 쓰레기통을 부착한다든가 CLP 한 면을 광고용으로 쓰면 그 뒷면은 공익성 안내문으로 할애한다든가 또는 공중전화 부스로 활용한다든가 하는 방식이다.

한편, 통행인들이 많은 지역에 위치한 CLP는 스크롤러(scroller) 기술을 활용해 2~3개의 다른 광고물을 상하로 계속 교체해 가면서 보여 준다.

사람의 시선이란 움직이는 것을 따라가는 성향이 있기에 정지 상태의 매체에 비하여 효과가 높다고 볼 수 있다.

수년 전에는 스크롤러가 광고효과 면에서는 좋으나 결정적으로 기술적 문제 때문에 광고주들이 선택하기에 망설임을 안겨주는 매체였었다.

　즉, 움직이는 부위가 포함된 광고매체이다 보니 간혹가다가 광고물 교체가 원활히 이루어지지 않거나 어떨 때는 아예 교체되는 중간에 정지해 버리기도 하였다.

　그러나 최근 들어서는 기술의 발전에 따라 고장률이 낮아져서 광고매체로서의 신뢰성이 증가하고 있다.

[사진 1~2] 런던 길거리에 설치된 CLP
(한 면은 스크롤러 방식으로 3개의
다른 광고를 번갈아서 보여주며
뒷면은 공중전화 부스로 사용됨)

[사진 3] 하단에 쓰레기통이 부착된 CLP

103
공중전화 부스 광고매체

훌륭한 옥외광고 매체로 재탄생

오늘날 세계인들은 휴대전화, 최근에는 스마트폰의 열풍에 쌓여 있다.

휴대전화가 등장하기 이전 사용하던 길거리 공중전화 부스(public phone booth)는 어디를 가나 한산하다. 런던을 포함한 영국 내 도시에 설치된 공중전화 부스 역시 마찬가지 신세…

그런데 수년 전부터 런던 공중전화 부스 외부 면이 광고매체로 활용되기 시작했다.

BT(British Telecommunications) 등 통신회사들의 입장에서는 못난 오리 새끼로 전락할 뻔한 공중전화 부스의 새로운 용도가 발굴되어 그에 따른 수익을 창출하고 있다.

광고매체로서의 공중전화 부스는 여러 가지 면에서 훌륭한 가치를 보유하고 있다. 우선 위치 선정 면에서 공중전화 부스가 이미 길거리 요소마다 설치되어 있다는 점이다.

또한 공중전화 부스 매체는 CLP(city light poster)나 버스쉘터 매체와 마찬가지로 통행인의 눈높이에 맞추어 자리잡고 있다. 또한 공중전화 부스는 야간에는 사용자들의 편의와 안전을 위해 이미 구비된 내부 조명 덕택에 추가 조명 없이도 광고화면은 후면 조명 효과를 얻는다.

규격 역시 버스쉘터 라이트박스(lightbox) 정도의 크기라 노출 효과도 좋은 편이다.

광고 화면에 사용되는 소재는 빌딩랩(building wrap)에 사용되는 윈도우 그래 픽 필름(window graphic film)과 마찬가지로서 공중전화 사용자가 부스 외부를 보는 데 지장이 없도록 작은 구멍이 촘촘하게 뚫려 있다.

[사진 1~3] 다양한 광고 캠페인이 진행되고 있는 런던 길거리의 공중전화 부스 광고매체들

[사진 4~5] 다양한 광고 캠페인이 진행되고 있는 런던 길거리의 공중전화 부스 광고매체들

104
런던 지하철 전동차 내 광고매체

광고매체가 노선도 옆에 붙어 자연스러운 시선 유도 효과

영국식 영어로는 지하철을 '언더그라운드(underground)' 라고 한다. 한국에서 지하철의 영문 표기시 사용하는 '서브웨이(subway)'는 미국식 영어 표현이다. 영국에서 서브웨이는 사람들이 다니는 지하 통로를 의미한다.

런던의 경우 일부 '오버그라운드(overground)' 즉 지상철 구간이 있긴 하지만 지하철 구간과 함께 언더그라운드라고 통칭이 된다.

그런데 일반 런던 사람들은 통상 지하철을 언더그라운드보다는 '튜브(tube)'라고 일컫는다. 따라서 '튜브 맵(tube map)'은 지하철 노선도, '튜브 스테이션(tube station)'은 지하철역을 의미한다.

보다 자세한 정보는 런던 지하철 공식 웹사이트(www.tfl.gov.uk/tube)를 방문해 보시기 바란다.

런던의 지하철은 최초 1860년대 건설되기 시작했다. 당시 런던 사람들은 지금보다 키가 아주 작았나 보다. 지하철을 타 보면 천장이 낮아 키 큰 사람들은 구부리고 서 있어야 할 정도이다. 또한 오래된 시설들이어서 그런지 역사의 곳곳이 지저분하고 불쾌한 냄새까지 나는 경우가 있다.

그러나 150년 전에 설계되고 착공된 지하철이 오늘날에도 커다란 하자 없이 운영되고 있는 사실은 놀랍다.

지하철 전동차를 승차해 보고 느끼게 되는 중요한 점

[사진 1] 런던 지하철 전동차 내 광고매체들은 지하철 노선도와 나란히 자리 잡고 있다.

은 지하철 노선도가 차내 요소마다 '빼곡히' 붙어 있다는 점이다. 즉, 탑승객의 입장에서 앉건 서건 간에 어느 위치에서건 지하철 노선도를 볼 수 있다.

노선도의 종류도 다양하다. 작은 글씨로 작성된 런던 전체의 노선도서부터 비교적 큰 글씨로 작성된 해당 노선의 노선도 등…

서울의 지하철 전동차 내 노선도는 출입문 위에 부착되어 있고 작은 글씨로만 되어 있어서 자리에 앉아 있을 경우 잘 보이지 않는다. 그래서 손바닥 크기의 종이로 된 지하철 노선도 또는 휴대폰에 저장된 지하철 노선도를 검색하는 사람들이 많다.

런던 지하철 경우 전동차 내 광고매체들은 지하철 노선도와 바로 붙어서 자리 잡고 있다. 그래서인지 노선도를 보다가 자연히 광고에도 눈길이 가는

[사진 2] 런던 지하철 전동차 내 광고매체들은 지하철 노선도와 나란히 자리 잡고 있다.

[사진 3] 런던의 지하철 전동차는 천정이 낮다.

것 같다.

재미있는 것은 서울과 달리 오히려 출입문 위에는 노선도가 없는 편이 대부분이다.

서울 지하철에서도 제법 큰 글씨로 만든 노선도가 좌석 상단에 부착된다면 승객의 편의가 향상될 것 같다. 또한 광고매체의 노출 효과도 자연스레 높아질 것 같다.

주유소 매체

셀프 주유 보편화로 주유하는 운전자의 시선 끌기에 '딱~'

앨번 미디어(Alvern Media; www.alvernmedia.co.uk)는 영국에서 주유소(filling station) 내 매체를 운영하는 매체사이다. 한국과 달리 영국에서는 운전자가 차에서 내려 직접 주유를 한 후 매장 건물 안에 들어가서 해당 금액만큼 계산해야 한다. 앨번 미디어는 주유구(nozzle pump) 손잡이 매체와 매장 건물 입구 유리문에 부착된 매체를 운영하고 있다.

주유하기 위해서는 주유량에 따라 다르기는 하겠지만 1~2분이 소요된다고 한다. 이 시간 동안 주유를 하는 운전자의 시선을 끌기에 주유구 매체만큼 좋은 매체도 없을 듯하다. 또한 계산하기 위해 맞닥뜨려야 하는 매장 건물 입구 유리문에 부착된 매체 역시 눈길을 다른 곳으로 돌릴 여유를 주지 않는다.

미국에서는 주유기 위에 동영상 매체를 설치하여 운영하는 GSTV(Gas Station TV; www.gstv.com) 등이 있지만, 아직 영국에는 이런 방식의 매체는 등장하지 않고 있다.

그러나 최근 옥외광고 매체 부문에서 디지털 사이니지가 높은 성장세를 보이는 점을 고려할 때 수년 내로 등장하리라고 전망된다.

최근 프리지(Frijj)라는 음료회사는 영국 최대 슈퍼마켓 체인인 테스코(Tesco)의 351개 매장에 부속된 주유소의 주유구 손잡이 매체에 광고를 집행했었다.

광고 효과 조사를 위해 17~44세 남녀를 대상으로 설문 조사를 한 결과, 57%의 응답자가 프리지의 주유구 손잡이 광고 캠페인을 기억하였다. 프리지는 1개월간 집행된 캠페인을 통하여 전월 대비 25.8%의 매출 신장을 거두었다.

[사진 1] 영국 주유소 주유구 손잡이 매체
[사진 2] 앰비 퓨어(Ambi Pur)는 2007년 주유구 손잡이에 차량용 방향제 광고 캠페인을 집행하여 커다란 매출 신장을 기록함
[사진 3] 주유소 매장 건물 입구 유리문 매체

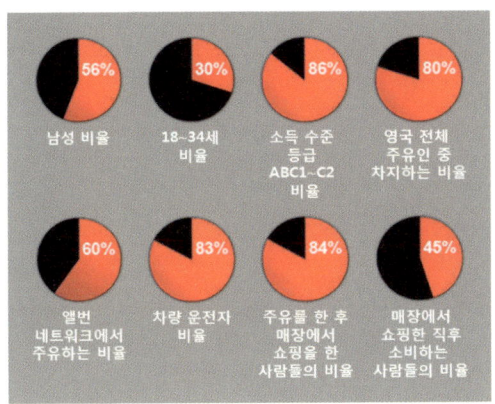

[표 1] 앨번 미디어가 자체적으로 분석한 주유소 매체 고객 통계(2009년)

구 분	주유소 수 (개)	주유구 수 (개)	노출수 (회)	단가/월 (주유소당)
도로변	3,000	16	16,000	£170
슈퍼마켓	1,000	30	48,000	£270
고속도로	73	50	150,000	£480
화물트럭	68	6	7,740	£140

[표 2] 앨번 미디어의 주유구 손잡이 매체 광고단가표(2010년 11월 현재)

광고 카드 매체

하이퍼마켓 및 DIY 매장에 비치된 신용카드 크기의 광고매체

영국 전역에 산재한 하이퍼마켓(hypermarket) 및 DIY(do-it-yourself) 매장에서는 신용카드 크기의 광고매체를 접할 수 있다.

이들 광고 카드 디스펜서(dispenser)는 계산대(check-out till)에서 계산을 마친 소비자들이 볼 수 있는 위치의 벽면에 설치되어 있다.

광고 카드는 소비자들이 전시대에서 꺼낸 후 호주머니나 지갑에 넣어 휴대하기 좋도록 신용카드 크기로 제작되어 있다. 또한 디스펜서 상 각각의 카드 슬롯(slot) 후면에는 스프링 장치가 장착되어 광고 카드를 1장 꺼내면 나머지 카드들이 자동으로 앞으로 이동한다.

이렇듯 광고 카드 매체를 운영하는 회사는 WRT 그룹(www.wrtgroup.co.uk)이다. 1990년에 설립된 이 회사는 현재 영국 전역에 13개의 지사망을 구축하고 160여 명의 영업인력을 가동하고 있다.

이 회사는 광고 카드 매체 이외에도 전국적인 규모로 하이퍼마켓 및 대형 쇼핑몰 등에 디지털 사이니지 매체 사업을 운영 중이다.

[사진 1] 하이퍼마켓 중의 하나인 테스코(Tesco)에 설치된 광고 카드 전시대
[사진 2] 광고 카드들은 소비자가 휴대하기 좋도록 신용카드 크기로 제작되어 있다.

[사진 3] 후면에 스프링 장치가 장착되어 광고 카드를 1장 꺼내면 나머지 카드들이 자동으로 앞으로 이동한다.

[사진 4] 대부분의 광고 카드 광고주들은 지역 광고주(local advertisers)들이다.

버스 내부 사이니지

버스 내 디지털 사이니지는 승객 안전 위한 CCTV 화면 표출

이층버스(double-decker bus)는 영국을 상징하는 대표적 명물의 하나이다. 사실 여부는 정확히 모르겠으나 이층버스는 운영하기에 비경제적인 측면이 있음에도 불구하고 관광 자원이라는 측면에서 폐지하지 않는다는 소문이 있다. 영국을 방문하는 외국인들은 한 번쯤 이층버스를 타 보고 싶은 바람을 거의 누구나 가지고 있다.

한편 영국의 이층버스는 최근 들어 단층버스로 많이 교체되는 추세에 있다.

버스 기사가 자리한 운전석은 승객들로부터 완전히 격리되어 있어 혹시라도 있을 수 있는 승객의 폭행(assault)을 차단하는 효과가 있다. 또한, 기사의 등을 기준으로 한 가상의 선을 설정하여 그 선 앞으로는 승차 중 승객이 머무를 수 없도록 경고문이 붙어 있다.

통상적으로 단층버스 내에는 1개의, 그리고 이층버스에는 2개의 디지털 사이니지(LCD 화면)가 설치되어 있다. 이층버스의 경우에는 1층에 1개 그리고 2층에 1개씩 설치되어 있다.

디지털 사이니지의 역할은 승객 안전을 위한 CCTV 화면 표출이다. 즉 버스 내 구석구석에 설치된 CCTV가 잡은 화면들이 순차적으로 교대해 가면서 비친다. 따라서 버스 기사는 물론이고 승객들도 버스 내 모든 승객의 동태를 감시(?)할 수가 있다.

이러한 CCTV는 2005년 이후 등장했는데 아마도 국제 테러리스트들의 소행을 방지하는 차원에서 설치된 듯싶다. 현재 이 디지털 사이니지는 광고매체로 활용되고 있지 않다.

한편 버스가 정차하려는 버스 정류장(bus stop)의 명칭은 음성안내 방송과 함께 버스 맨 앞 전면에 LED 화면상 표출된다. 승객이 정차 버튼을 누르면 'BUS STOPPING(버스 정차 예정)' 이라는 문구가 LED 화면에 표출된다.

영국과 한국 버스 간에 디지털 사이니지에 표출되는 내용이 사뭇 다름을 느낄 수 있다.

런던의 버스는 앞문으로 승차하여 '오이스터 카드(Oyster Card: 편의점, 기차역 등에서 구매가 가능한 런던 및 수도권 지역의 대중교통 카드)'나 현금 등으로 차비를 내고 체크인하며 하차 시는 체크아웃 과정 없이 그냥 내리면 된다. 체크아웃 과정이 없는 게 영국 버스 하차시 한국과는 다른 점이다.

한편 지하철이나 기차에서는 한국과 마찬가지로 체크인 및 체크아웃이 필요하다.

2003년부터 시행되어 온 런던의 대중교통 카드의 브랜드를 왜 오이스터(굴) 카드라고 부르게 되었을까?

[사진 1] 영국 및 런던의 관광 명물인 이층버스

[사진 2] 버스 기사의 운전석은 완벽하게 차단되어 있으며 그 후면에는 각종 경고문구들 (버스내 CCTV 설치 고지, 음주 및 흡연 금지 경고, 운전 기사에 대한 폭행시 고소될 수 있음을 알리는 경고, 음악을 크게 틀지 말고 헤드폰을 사용하라는 경고, 그리고 운전석 후면 앞으로는 승객이 서 있을 수 없음을 알리는 안내 등)이 부착되어 있다.
[사진 3] 버스내 디지털 사이니지에는 CCTV 화면이 지속적으로 표출된다.

영어 속담에 "The world is your oyster(이 세상은 너의 굴이다)."라는 속담이 있다. 이 속담은 "이 세상에서 어떤 일을 성취하기 위해서는 그 기회를 붙잡아야 한다."는 뜻이다. 또한 이미 시행 중인 홍콩의 대중교통 카드인 '옥토퍼스(문어) 카드' 브랜드의 영향도 있었던 듯…

이러한 배경을 바탕으로 오이스터 카드 브랜드를 확정하기까지 전문 마케팅 컨설턴트들이 동원되었다고 한다.

버스 내부 광고매체는 버스 외벽의 대형 매체에 비해 매우 절제된 편이다. 즉 모서리 광고매체(bus interior panels)만 허용된다. 현재의 공시단가(rate-card rate)는 개당 £17.80(32,040원: 환율 1,800원 / £ 적용시) / 4주(부가세 별도) 수준이다.

런던 버스 광고는 CBS Outdoor(www.cbsoutdoor.co.uk)가 독점 공급하고 있다. 모서리 매체와 나란히 런던 교통국(Transport for London)이 운영하는 공중질서 캠페인 메시지도 발견할 수 있다. 'Together for London'이라는 슬로건 아래 카툰 스타일의 캐릭터들을 내세운 각종 질서 유지 캠페인이 친근감 있게 시행되고 있다.

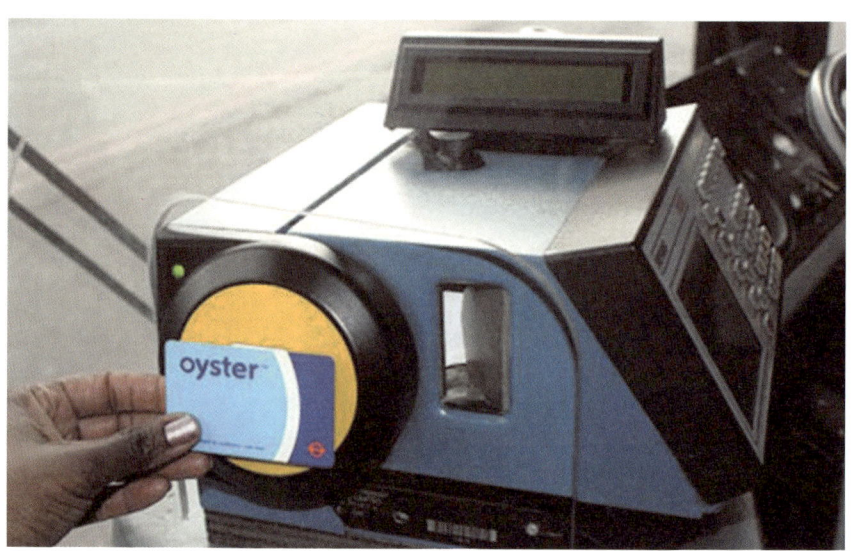

[사진 4] 버스 내 버스 요금 체크 단말기

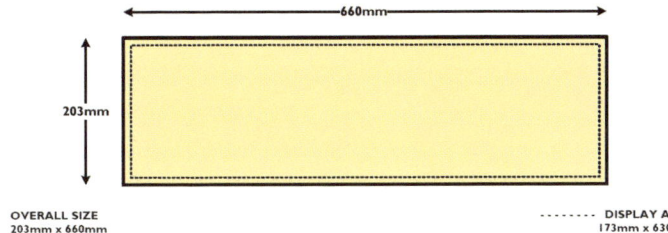

OVERALL SIZE
203mm x 660mm

- - - - - - - DISPLAY AREA
173mm x 630mm

[사진 5] 버스 내부 모서리 광고 캠페인 사례 및 광고매체 규격

[사진 6] 버스 내 'Together for London' 캠페인 메시지

108
화장실 광고매체

포지티브 미디어 마케팅사, 화장실 내부 벽면 포스터 매체 운영

영국의 쇼핑몰, 하이퍼마켓, 고속도로 휴게소 등의 화장실을 들르게 되면 내부 벽면에 포스터 스타일(비조명)의 광고매체를 접할 수 있다. 이런 화장실 매체는 원래 미국에서 시작되었다고 한다.

이런 매체를 운영하는 매체사 중 하나는 '포지티브 미디어 마케팅(Positive Media Marketing; www.washroomadvertising.co.uk)'이다.

이 회사는 디자이너 아웃렛(designer outlet) 개념의, 즉 전문 아웃렛 디자이너들이 기획 설계한 화장실을 매체로 개발하여 운영 중인데 이는 영국 전역에 걸쳐 20여 개에 달한다.

이들 화장실의 연간 이용객 수는 매주 246만 명 또는 연간 1억 2천8백만 명에 달한다.

이들 이용객들은 화장실 내에서 용무를 보는 동안 최소 2분간 광고 메시지에 주목할 수밖에 없는 캡티브 오디언스(captive audience)가 된다.

따라서 다양한 광고주들이 화장실 매체의 효과를 인정하여 광고 캠페인을 전개하고 있다.

포지티브 미디어 마케팅사에 의하면, 화장실 광고 캠페인 집행 후 소구대상의 비보조 상기율(unaided recall rate)은 98%에 달한다고 한다.

영국에서 화장실 매체를 운영하는 다른 매체사로는

[사진 1~2] 화장실 광고매체 운영 사례

'애드미디어(Admedia; www.admedia.co.uk)'를 포함하여 여러 개가 있다.
이들 매체사들이 운영하는 화장실 매체의 규격은 A3로 통일되어 있다.

[표 1] 포지티브 미디어 마케팅의 화장실 매체 광고료(2011년 01월 현재)

매체 수량 (개)	단가 (£)	3개월/월 환산 (£)	6개월/월 환산 (£)	12개월/월 환산 (£)
1	50.00			300.00/25.00
2	45.00			540.00/45.00
4	40.00		600.00/100.00	960.00/80.00
8	35.00		1,050.00/175.00	1,680.00/140.00
12	32.50	887.50/292.50	1,462.50/243.75	2,340.00/195.00
16	30.00	1,080.00/360.00	1,800.00/300.00	2,880.00/240.00
24	27.50	1,485.00/495.00	2,475.00/412.50	3,960.00/330.00
32	25.00	1800.00/600.00	3,000.00/500.00	4,800.00/400.00

주) 제작비, 설치비, 부가세 별도; 제작비는 매체 개당 £2.00; 설치비는 £75.00

[사진 3] 화장실 광고매체 집행 광고주 사례

하마의 이미지와 연계한
랜드로버 크리에이티브

강렬하고 단순해 한 눈에 메시지 파악 가능한 광고

그림에 보는 크리에이티브(creative)는 영국이 자랑하는 '랜드로버(Landrover)'라는 4륜 구동차에 대한 광고로서 옥외 대형 빌보드 용으로 제작되어 2001~2002년도에 집행되었다.

마치 하마가 습지를 헤엄치듯 어려운 지형을 가리지 않고 질주하는 '프리랜더(Freelander)' 모델의 성능이 함축적으로 표현되어 있다.

이 크리에이티브에는 심지어 소위 통상적인 헤드라인도 없다. 그래도 보는 이들에게 전달하려는 메시지를 100% 표현하고 있다.

RKCR/Y&R이라는 크리에이티브 대행사가 기획, 제작하여 수많은 크리에이티브 상을 수상한 이 작품은 영국 옥외 광고 센터(Outdoor Media Centre; www.outdoormedia centre.org.uk)가 업계지인 캠페인(Campaign)과 공동 선정하여

[사진 1] 랜드로버 프리랜더의 빌보드 매체 광고 크리에이티브

옥외광고 크리에이티브의 명예의 전당(Hall of Fame)에 귀속하였다.

옥외광고에서의 크리에이티비티(creativity)는 전통-매체(classic media)에서만큼 중요하다. 짧은 시간(수 초) 내에 소구대상(대부분 바쁘게 지나가는 통행인)의 시선을 끌기 위한 기발한 발상이 절대적으로 필요하다.

영국의 경우 가장 큰 대형 빌보드(billboard)의 규격은 대략 12m(가로)×3m(세로)('96-sheet'라고 일컬어짐)에 달하는데 한국의 야립매체에 비교할 때 보는 사람 입장에서 훨씬 가깝고 낮게 설치된 경우가 많다. 따라서 상대적으로 어느 정도까지는 복잡한 내용의 메시지 전달이 가능하다.

그러나 역시 강렬하고 단순하여 보는 이로 하여금 한눈에 전달되는 메시지를 파악할 수 있게끔 하는 게 가장 이상적인 경우라고 하겠다.

[사진 2] 영국의 빌보드는 보는 이의 눈높이에 맞추어 설치된 사례가 대부분…

110

런던의 명물 이층버스는
훌륭한 옥외매체

CBS 아웃도어가 독점 판매… 최소 2주 단위 집행 가능

런던의 중요한 상징물 중 하나인 빨간색 이층버스(double-decker bus)는 그 거대한 몸집(?) 때문에 옥외매체로서의 역할을 십분 수행하고 있다. 집채만 한 버스가 거리에 등장하면 눈길이 가지 않을 수가 없다. 최근에는 이층버스 외에도 단층버스들이 많이 등장하였지만 아무래도 광고 매체로서는 이층버스가 주도적인 역할을 하고 있다.

런던의 버스는 전량 CBS Outdoor(www.cbsoutdoor.co.uk)가 독점 매체판매 권한을 보유하고 있다. 여기에서는 버스 매체의 종류와 기능을 살펴보자.

우선, 운행 중인 버스의 앞쪽을 바라보면서 왼쪽 측면에 붙은 매체가 있는데 이는 '슈퍼사이드(Super Side)'라고 불리운다. 슈퍼사이드는 좌우로 기다란 직사각형 형태이다.

영국에서는 차량이 한국과 반대로 좌측통행을 하므로, 버스의 왼쪽 측면은 인도(pedestrian road) 면을 향해 있다. 따라서 버스의 왼쪽 측면에는 출입구들이 있고 그 출입구 위에 슈퍼사이드가 자리 잡고 있다.

버스의 오른쪽 측면은 차도(vehicular road)를 바라보고 있는데 여기에는 T자 형태의 매체가 붙어있고 이는 'T-사이드(T-Side)'라고 불리운다. T-사이드는 슈퍼사이드에 비하여 규격도 크고 노출 효과 면에서도 우월하여 매체단가가 높다.

이들 대형 매체 이외에도 버스 후면 매체(Rear), 버스 내

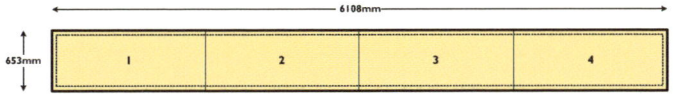

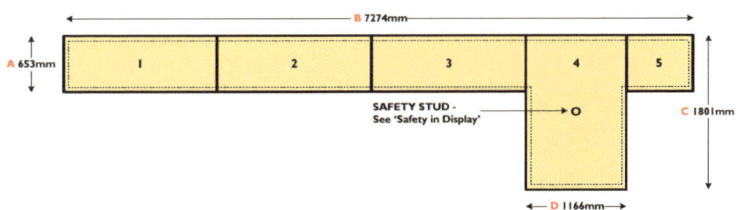

[사진 1] 슈퍼사이드 광고 캠페인 사례 및 광고매체 규격
[사진 2] T-사이드 광고 캠페인 사례 및 광고매체 규격

부 패널(Passenger Panel) 등이 있는데 여기서는 이들에 대한 설명을 생략하기로 한다.

런던 버스 매체는 최소 2주간 단위로 집행이 가능하다. 이렇듯 짧은 최소 계약 기간 때문에 광고주 입장에서는 TV, 인쇄매체들과 함께 캠페인성 광고

집행이 용이하다.

　슈퍼사이드 경우 2주간 개당 단가는 £312, T-사이드는 £568 선이다. 이들 단가는 모두 부가세가 포함되지 않은 것이다.

[사진 3~7] 다양한 광고 캠페인들이 집행되고 있는 런던 버스 매체

111
런던올림픽조직위의 옥외광고 캠페인

영국인들의 올림픽에 관한 관심과 참여 유도

런던 하계 올림픽은 2012년 7월 27일부터 8월 12일까지, 그리고 장애인 올림픽은 8월 29일부터 9월 9일까지 개최된다. 런던올림픽조직위는 영국인들의 올림픽에 관한 관심과 참여를 유도하기 위한 다양한 광고 캠페인을 펼쳐왔다.

2011년 7월 4일부터는 "You're Invited.(귀하는 초대받았습니다.)"라는 주제하의 캠페인이 전개되기 시작했다.

이 캠페인은 영국관광청과 연계하여 진행 중인데 연간 4백만 명의 추가 방문객을 받아들일 목표로 전개된다고 한다. 이 캠페인은 유명인사들이 등장하여 'Britain's Best(영국의 최고)'라는 내용의 문구를 선보이고 있다.

예를 들어 주디 덴치(Judi Dench)는 셰익스피어(Shakespeare)의 뛰어남을 얘기하고, 루퍼트 에버릿(Rupert Everett)와 데브 파텔(Dev Patel)은 런던의 다양성을 언급한다. 또한 유명 모델인 트위기(Twiggy)는 영국을 '디자이너의 양성소'라고 일컬으며 유명 요리사 제이미 올리버(Jamie Oliver)는 현지 음식을 세계 최상급의 혼합요리라고 소개한다.

한편 올림픽 자원봉사자들을 모집하기 위한 광고 캠페인도 전개되고 있다. 재미있는 것은, 일반적으로 자원

[사진 1~5] 쥬디 덴치, 루퍼트 에버레트, 데브 파텔, 트위기, 제이미 올리버(위로부터)

봉사자라면 'volunteers'라는 단어를 사용하는데 이번 경우는 'games makers', 즉, '올림픽 게임을 성사시키는 사람들'이라는 표현을 사용하여 자원봉사자들이 올림픽의 성공적 운영을 위해 필요한 사람들이라는 자긍심을 갖도록 해 주고 있다는 점이다.

[사진 6] 2005년 런던이 올림픽 개최 도시로 선정된 것을 축하하는 런던 이층버스 광고 캠페인 및 자축행사 장면
[사진 7] '모집 2012년 런던 올림픽 자원봉사자' 캠페인

112
인비세오 사의 IVT 매체

캡티브 오디언스를 겨냥한 항공기 좌석 뒷면의 트레이 공간 매체

인비세오(Inviseo)는 2001년 영국 런던에 설립된 광고매체 사이다.

이 매체사는 IVT(Inviseo Table)라는 브랜드를 가진 항공기 좌석 뒷면의 트레이(tray) 공간 매체를 운영하고 있다.

인비세오 사는 IVT 매체의 OTS(opportunity to see: (광고를) 보게 될 기회)가 거의 100%에 달한다고 주장한다. 이러한 주장은 IVT 매체를 접하는 항공기 승객들이 '캡티브 오디언스(captive audience)', 즉 자리에 앉아서 꼼짝없이 눈앞의 매체를 볼 수밖에 없는 소구대상이 된다는 점에서 설득력이 있다.

IVT 매체는 항공기 좌석 뒷면의 트레이 아랫면을 광고를 부착할 수 있는 공간으로 사용한다. 따라서 IVT는 식사 등 트레이가 사용될 경우를 제외하고는 이착륙할 때를 포함하여 거의 모든 탑승 시간 중 광고매체로서의 기능을 발휘하게 된다.

IVT 매체의 통상적인 크기는 237mm(가로)×148mm (세로)이다. 이 매체는 고급 프레임을 사용하여 광고 화면을 손쉽게 개폐첨할 수 있도록 디자인되어 있다.

인비세오 사가 운영하는 IVT 매체는 주로 유럽 내 저가 항공사들의 기내에 장착되어 있다. 그러나 인비세오 사는 메이저급 국제항공사들에 IVT 매체를 진입시키는 것을 목표로 삼고 있다. 보다 상세한 정보는 www.inviseo.com

을 방문하시기 바란다.

[사진 1~2] IVT 매체 설치 사례

[사진 3~4] 렌티큘러(lenticular) 방식을 사용하여 보는 각도에 따라 2개의 화면을 볼 수 있게끔 만든 IVT 매체 운영 사례

"The man who dies thus rich dies disgraced... Surplus wealth is a sacred trust which its possessor is bound to administer in his lifetime for the good of the community."

그렇듯 부유하게 죽는 사람은 명예롭지 못하다...
부의 잉여분이란 그 소유자가 공동체의 이익을 위하여
그의 일생 동안 잘 관리할 의무가 있는 신성한 위탁 자산이다.

Andrew Carnegie
(25th November 1835~11th August 1919)

Andrew Carnegie was a Scottish-American businessman, a major philanthropist, and the founder of the Carnegie Steel Company, which later became US Steel. Carnegie gave away most of his money to establish many libraries, schools, and universities in America, the United Kingdom and other countries, as well as a pension fund for former employees. His life has often been referred to as a true "rags to riches" story.

113
'디지털 에스컬레이터 패널' 매체

에스컬레이터 이용객으로부터 호감을 주는 매체라는 평가 받아

런던의 지하철 역사 내부의 에스컬레이터를 타 보면 벽면을 따라 자리하고 있는 동영상 패널들이 있다.

CBS 아웃도어(CBS Outdoor)가 운영하는 이 매체는 '디지털 에스컬레이터 패널(DEP: digital escalator panel)'이라고 불리운다.

DEP는 에스컬레이터 이용객들이 에스컬레이터 이용 시간 동안에는 거의 아무것도 할 수 없다는 점을 고려할 때 주목률이 매우 높은 매체라고 할 수 있다.

한 현지 조사 결과에 따르면, 조사 대상 소구대상의 85%가 DEP를 통한 광고 캠페인이 매우 흥미롭다고 답변했고 61%는 그들의 에스컬레이터 이용 시간을 보다 즐겁게 만들었다고 말했다.

각 패널은 23인치 TV 화면과 동일한 규격으로 설치 및 운영된다. 이 매체는 이전에도 동일한 위치에 자리 잡고 있었지만, 디지털화된 이후로는 고해상도 화면에 다양한 크리에이티브 기법을 동원한 비주얼을 구현하여 에스컬레이터 이용객들의 시선을 확실하게 끈다.

예를 들어 하나의 비주얼을 모든 패널에 걸쳐 동일하게 표출할 수도 있고 각각의 패널에 서로 다른 비주얼을 표출할 수도 있다. 또한 에스컬레이터 이용객의 시선이 한 패널에서 다음 패널로 이동할 수밖에 없음을 이용하여 하나의 이야기를 형성하여 메시지를 전달할 수도 있다.

CBS 아웃도어가 운영하는 DEP는 한 패널당 최대 9개까지 광고주 구좌를 운영하고 있으며 광고주 구좌당 단위 표출 시간은 10초이다.

[사진 1~3] 런던 지하철 역사 에스컬레이터에 설치된 DEP 설치 사례

[사진 4~7] 런던 지하철 역사 에스컬레이터에 설치된 DEP 설치 사례

114
우체국 DID 매체

유력한 지역 광고매체로 자리잡아

영국의 우체국은 왕립 우정국(Royal Mail)이 직영하는 크라운 우체국(Crown Post Office)과 개인들에게 운영 위탁을 준 서브포스트마스터(Sub Postmaster)의 2종류로 구분된다.

우체국을 방문해 보면 성인의 눈높이보다 높은 장소(천정 또는 구석 위쪽)에 DID(digital information display) 스크린이 설치되어 있다. 이 스크린에는 화면 분할 방식으로 우체국이 제공하는 정보와 함께 지역 광고주들의 동영상 광고가 게첨되고 있다.

서브포스트마스터의 DID 매체는 '커뮤니티 네트워크(Community Network; www.cnetwork.tv)'라는 매체사가 운영하고 있다. 커뮤니티 네트워크는 우체국을 방문하는 고객들이 매우 다양하며 이들이 우체국이 제공하는 서비스를 받기 위해 대기하는 동안 특별히 다른 활동을 할 수가 없는 상황이므로 대부분이 DID 화면을 주시한다고 주장한다.

커뮤니티 네트워크는 우체국 이외에도 병원과 골프 클럽에 동일한 방식의 DID 매체를 설치하여 운영하고 있다. 동사는 이러한 커뮤니티, 즉 지역 공동사회 공간이야말로 다른 광고매체가 도달할 수 없는 친밀하고 우호적인 분위기가 조성되기 때문에 여기에 설치된 DID 매체는 지역광고에 안성맞춤이라는 논리를 편다.

[사진 1] 우체국 DID 매체 화면 예시
[사진 2] 우체국 DID 매체를 주시하는 고객들

[표 1] 서브포스트마스터 DID 매체 광고 단가표

광고 분량(초)	주간 단가(£)	연간 단가(£)
최대 90(Advertorial)	48	2,496
60	42	2,184
55	38	1,976
50	36	1,872
45	34	1,768
40	32	1,664
35	30	1,560
30	28	1,456
25	26	1,352
20	24	1,248
15	22	1,144
10	20	1,040

㈜ 영국 부가세(20%) 별도, 동영상 화면 제작비(£139) 별도;
연간 계약시 4회까지 화면 교체 가능;
2년 이상 계약시 추가 네고 가능

항공기에서 내려다보이는 지상 매체

회기적 발상으로 세계 매체업계의 주목을 끌었으나
경기 불황으로 현재는 사업 중단 상태

2002년 영국의 한 신생 옥외매체사인 '하콘(Haakon)' 사는 '애드 에어(Ad-Air)'라는 새로운 기법의 옥외매체를 개발하기 시작했다.

이 매체의 주된 개념은 공항 주변의 대형 지상 부지를 확보하여 확보된 면적만큼의 광고 메시지를 표현하는 것이다. 여기에서 확보하려는 부지의 면적은 공항에 이착륙하는 항공기 내에서 보일 수 있을 만큼의 초대형이어야 한다.

이 새로운 매체는 당시 영국 광고업계의 주목을 크게 받았다. 그도 그럴 것이 이렇듯 초대형 면적의 지상 매체를 주·야간 운영하려면 이러한 매체사업의 허가, 사용 부지의 확보, 매체의 기술적 설치, 운영 및 철거 등 막대한 비용 발생으로 대형 광고주의 영입이 절대적으로 필요했기 때문이었다.

광고매체로서의 최초 운영은 2007년 10월 두바이 국제공항 부근 한 부지를 확보하면서 개시되었다. 당시 광고주는 UAE의 부동산 회사인 '소로우(Sorouh; www.sorouh.com)'였다. 당시에 사용된 애드 에어 매체의 규격은 약 20,000㎡에 달했다.

그러나 2008년 이후 전 세계적으로 불어닥친 경기 침체의 영향으로 애드 에어 매체는 후속 광고주 영입에 성공하지 못했으며 현재는 회사마저 경영의 어려움에 부닥

치게 되었다.

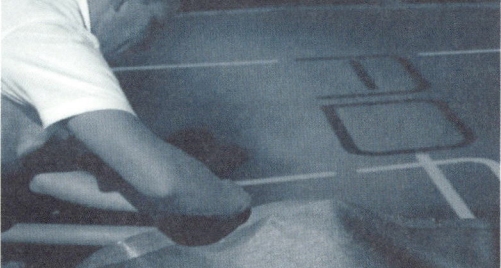

[사진 1] '애드 에어' 매체의 개념
[사진 2~3] 애드 에어 매체의 설치 장면

[사진 4~5] 2007년 두바이 국제공항 부근에 설치된 '소로우' 사의 애드 에어 매체 캠페인(주 · 야간)

116
ATM 스크린 매체를 이용한
애플타이저의 판촉 캠페인
현금 인출 영수증에 할인 쿠폰을 함께 인쇄하여 제공

영국에서 '프렌즈(Friends)'라는 시트콤의 협찬사로 널리 알려진 '애플타이저(Appletiser)'는 코카콜라가 생산하여 판매하는 과일 음료 브랜드이다.

2010년 여름 코카콜라는 '테스코(Tesco)', '세인즈버리즈(Sainsbury's)' 등 대형 슈퍼마켓 입구에 설치된 ATM (automated teller machine: 현금자동인출기) 스크린에 애플타이저 광고를 게재했다.

따라서 현금을 인출하려는 사람들은 자연스럽게 이 광고를 본 후 현금을 인출하게 된다.

현금을 인출하고 나서 받는 영수증 하단에는 애플타이저 큰 병을 사면 £1를, 작은 병을 사면 30P(Pence: 펜스)를 할인해 준다는 바코드 할인 쿠폰이 함께 인쇄되어 소비자들에게 전달된다.

따라서 쇼핑을 하러 대형 슈퍼마켓에 들어가려는 소비자들에게 즉석에서 상품 할인 쿠폰을 자연스럽게 주는 셈이다.

코카콜라의 시니어 브랜드 매니저인 앤디 톰슨(Andy Thompson)은 "영국 전역에 걸쳐 여성들의 일상적인 쇼핑 리스트에 애플타이저를 올리려는 목적으로 우리는 체류 시간이 길고 주목률이 높은 ATM을 매체로 선택하게 되었다."고 말했다.

이 캠페인의 결과는 성공적이었다. 3개월에 걸친 ATM

스크린 광고의 결과 매출은 그 전에 비해 무려 58%가 성장했다. 더군다나 조사 결과 그때까지 한 번도 애플타이저를 접해 보지 못했던 신규 소비자가 전체 소비자 중에서 64%를 차지하였다.

적절한 시점에 적절한 매체를 적절한 장소에 설치하여 성공을 거둔 디지털 옥외광고 매체 캠페인의 사례라고 하겠다.

[사진 1] 대형 슈퍼마켓 입구에 설치된 ATM 스크린에 표출된 애플타이저 광고

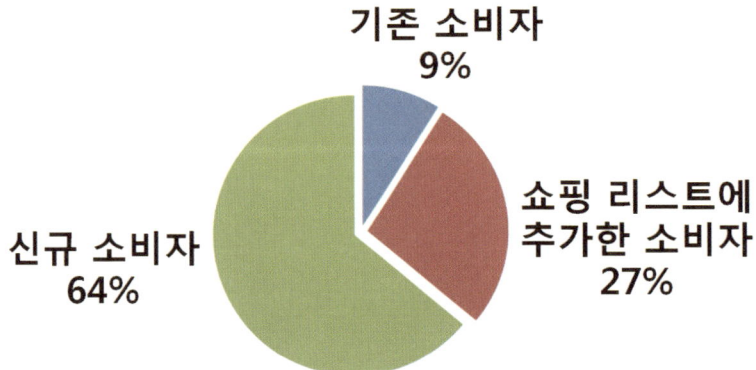

[사진 2] 현금 인출 영수증 하단에 함께 인쇄된 애플타이저 구매 할인 쿠폰

[표 1] 캠페인 후 소비자 분석 결과

소셜 미디어와 디지털 옥외매체를 이용한 폭스바겐 광고

자연스럽게 소비자의 브랜드 충성도 이끌어내

폭스바겐(Volkswagen)의 'Big up The up!'이라는 인터랙티브 캠페인은 2012년 3월 영국 내에서 세계적 소셜 미디어(social media) 사이트인 페이스북(Facebook)과 옥외광고 매체상에서 진행되었다.

이 캠페인은 DDB UK라는 광고대행사가 기획하여 MediaCom 및 Kinetic이 디지털 옥외광고 매체를 대상으로 구매를 집행하였다.

우선 이 캠페인은 폭스바겐 영국 지사의 페이스북 페이지(www.facebook.com/VolkswagenUK)에서 시작되는데 방문자는 폭스바겐의 신형 모델인 'up!'에 대한 칭찬을 선택할 수 있게 되며 선택한 후에는 빨간색 버저(buzzer)를 눌러 확정하게 되며 또한 자신의 사진을 업로드할 수가 있다.

이 절차를 마치면 방문자들은 JC 데코(JCDecaux)가 소유한 영국 전역의 주요 기차역사 내부에 설치된 디지털 빌보드 상에 업로드된 자신의 사진과 폭스바겐 측의 감사 메시지가 표출되는 장면을 확인할 수 있다.

소셜 미디어와 디지털 옥외매체를 활용하여 소비자로 하여금 자연스럽게 폭스바겐 브랜드 및 광고 모델에 대한 충성도(loyalty)를 높이는 훌륭한 광고 캠페인의 사례라고 할 수 있다.

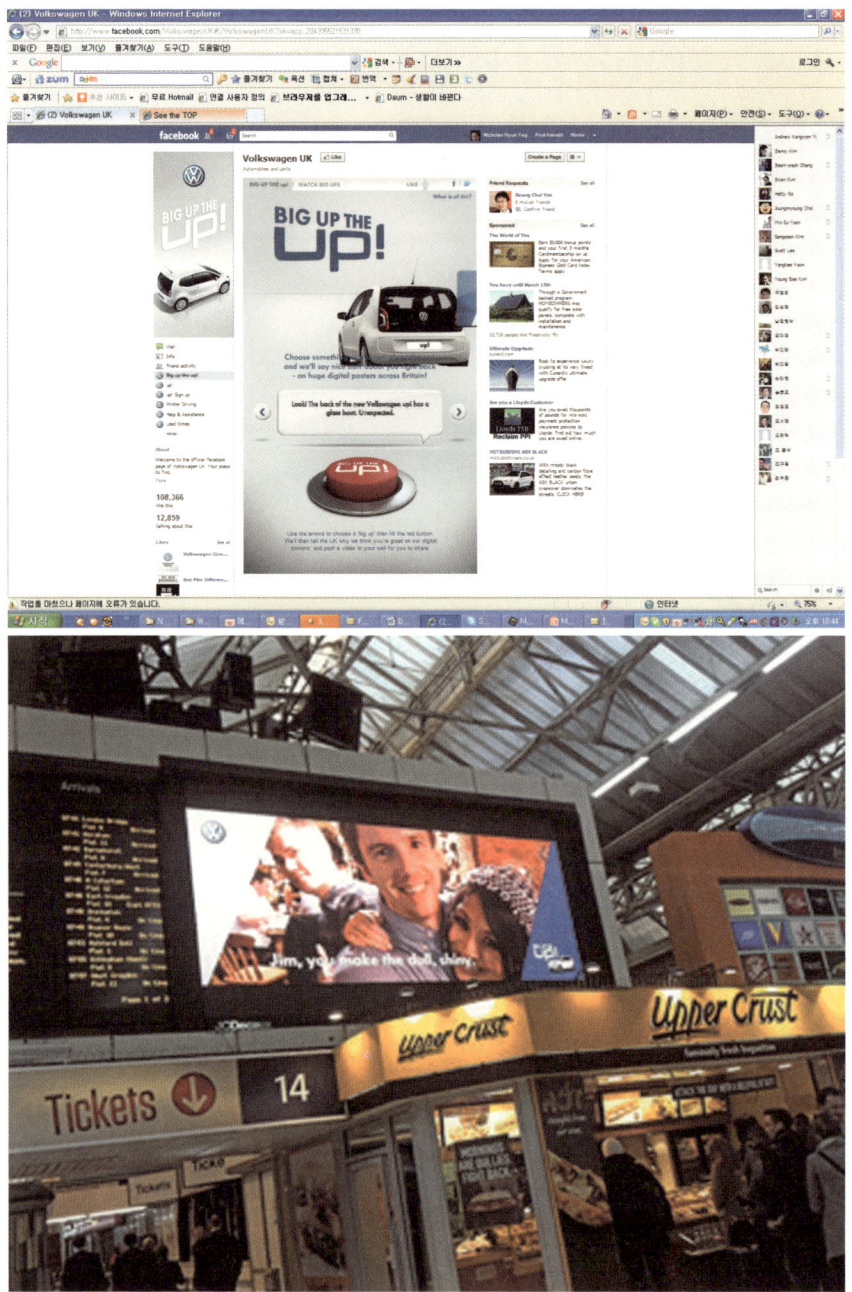

[사진 1] 폭스바겐의 페이스북 페이지 상 'Big up The up!' 캠페인 페이지
[사진 2] 페이스북 방문자의 사진이 표출되고 있는 디지털 빌보드 스크린

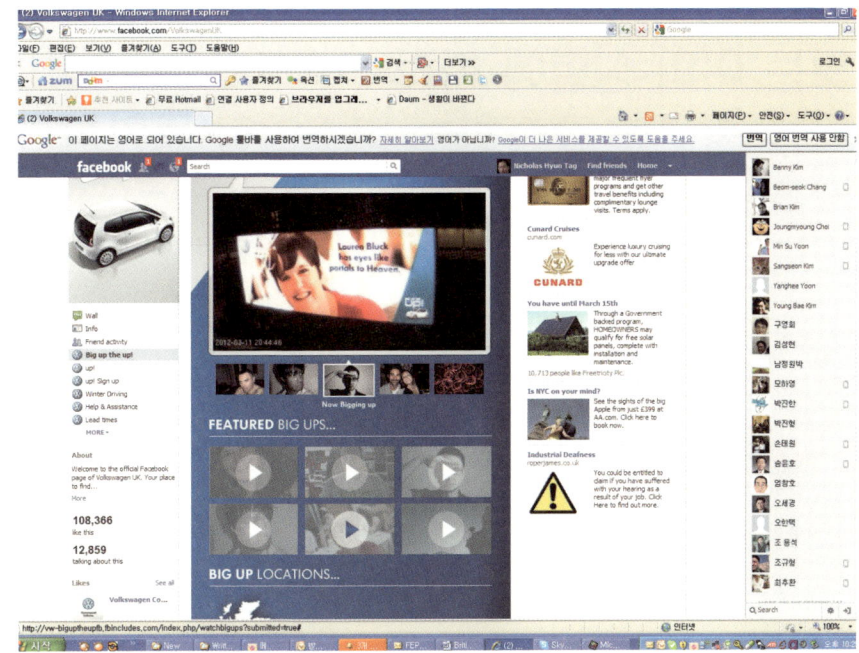

[사진 3] 방문자가 업로드한 자신의 사진을 페이스북 페이지에서 확인 가능

보는 이의 성별에 따라
다른 광고를 표출하는 버스쉘터 동영상

HD 카메라를 이용한 안면 인식 기술 사용

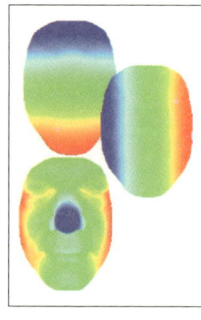

'플랜 UK(Plan UK; www.plan-uk.org)'는 주로 저개발 국가들에서의 양성평등을 목표로 활동을 벌이는 영국의 자선단체이다.

플랜 UK는 2012년 2월 2주간 동안 런던의 최중심 상가인 옥스퍼드 스트리트(Oxford Street)에 설치된 버스쉘터의 동영상 광고매체 스크린 상에 안면 인식(facial recognition) 소프트웨어를 적용하여 광고를 보는 이가 남자냐 여자냐에 따라 다른 내용의 콘텐츠를 내 보내는 광고를 게첨하였다.

플랜 UK 설명에 따르면 전 세계 약 7천5백만 명의 여자아이들이 교육을 받지 못하고 있고 약 1천만 명의 18세 이하 여자아이들이 강제 결혼을 당하고 있다고 한다.

"내가 여자아이이기 때문에(Because I am a Girl)"이라는 캠페인 주제 아래, 이 광고는 전 세계 3명의 여성이 등장하여 이런 문제를 주제로 자신의 견해를 밝힌다.

그런데 이런 광고 콘텐츠를 모두 볼 수 있는 것은 동영상 매체 스크린이 보는 사람을 여성으로 인식할 경우에만 그렇다. 만일 남성으로 인식할 경우에는 여성에 대한 성차별에 대한 통계만 보여진다.

안면 인식과 터치 방식의 인터랙티브 기술 등이 적용된 플랜 UK의 광고 캠페인 사례는 단순히 메시지의 전달 차원을 넘어서 도달하려는 소구대상에게 정확한 메시지

[사진 1~2] 런던의 옥스퍼드 스트리트 버스쉘터에 집행 중인 플랜 UK의 광고(라이트박스 면과 동영상 스크린)

를 전달한다는 맞춤형 캠페인 사례이다.

다만 안면 인식 소프트웨어의 기술적 한계로 아직까지는 완벽하게 남성과 여성을 구별하지 못하는 사례가 발생하기도 한다.

[사진 3] 남성을 여성으로 인식하여 여성을 대상으로 한 광고가 표출되는 장면

119
버스쉘터가 체험 마케팅 현장으로 진화

미스터 키플링의 과자 디스펜서 설치 운영

2012년 3월 초 JC 데코(JCDecaux)는 과자 브랜드인 '미스터 키플링(Mr Kipling)'을 위해 버스쉘터에 디스펜서(dispenser)를 설치하여 '앤젤 슬라이시즈(Angel Slices)'를 통행인들에게 무상으로 맛보게끔 하는 체험 마케팅을 런칭했다.

최초의 디스펜서는 런던의 '토트넘 코트 로드(Tottenham Court Road)'에 운영 중인 버스쉘터에 설치되었는데 유명한 여성 TV 탤런트인 '조안나 페이지(Joanna Page)'가 가동식 행사에 참가하였다.

여기에 설치된 디스펜서에는 냄새를 퍼뜨리는 분무기가 장착되어 막 구워낸 과자의 향기를 주변에 뿜어내었다.

3월 중순에는 버밍엄(Birmingham), 맨체스터(Manchester), 글라스고(Glasgow) 등 도시의 19개 버스쉘터에 추가적으로 미스터 키플링의 디스펜서가 설치되었다.

광고주인 미스터 키플링은 자사 브랜드를 대대적으로 리포지셔닝(repositioning)하기 위하여 이번 버스쉘터 체험 마케팅을 집행했는데 약 4주간 대형 슈퍼마켓 주변의 빌보드 광고 및 '케이크모바일(Cakemobile)'이라고 이름 붙여진 이동식 체험 마케팅 차량 운행도 동시에 실행함으로써 캠페인 효과를 극대화했다.

[사진 1] 런던 토트넘 코트 로드의 버스쉘터에서 미스터 키플링의 과자를 받기 위해 줄 선 사람들
[사진 2] 버스쉘터 광고 패널 하단에 과자 디스펜서가 설치됨
[사진 3] JC 데코 직원이 버스쉘터 광고 패널을 열고 디스펜서에 과자를 채워 넣고 있음

120
리플릿 거치대 매체

테이크 원 미디어, 영국 전역에 6,000여 개 리플릿 거치대 매체 운영

영국의 '테이크 원 미디어(Take One Media; www.takeone media.co.uk)'는 리플릿 거치대(leaflet display stand) 매체를 운영하는 매체사이다.

다른 광고매체와 비교할 때 리플릿 매체는 광고주가 원하는 내용을 비교적 상세히 소구대상에게 전달할 수 있다는 장점이 있다. 문제는 대상 독자들에게 리플릿이 잘 전달될 수 있느냐가 관건이라고 하겠다.

테이크 원 미디어에서는 영국 내 공항청사, 기차역, 고속도로 휴게소, 호텔, 음식점, 슈퍼마켓 등 유동인구가 많은 요충지에 거치대를 설치해 놓고 판촉용 리플릿을 거치하고 싶은 회사들로부터 자릿값을 받는다.

이 회사가 운영하는 거치대는 영국 전역에 걸쳐 6천여 개에 달한다고 한다.

거치대는 단순히 리플릿만을 거치하는 용도로만 사용되는 게 아니라 일부가 광고면으로 활용하기도 한다.

또한 최근에는 이 광고면이 디지털화되어 동영상 광고가 방영된다.

테이크 원 미디어는 리플릿 광고주들에게 GPS 기능이 장착된 휴대용 PDA(personal digital assistant) 기기를 지급한다. 광고주들은 리플릿 광고 캠페인의 집행 상황, 예를 들어 특정 거치대에 비치된 리플릿의 수량 변화를 실시간으로 검수할 수 있다.

이를 위해 테이크 원 미디어에서는 영국 전역을 6개 권역으로 나누어 34명의 이동 운영팀을 운영한다.

[사진 1] 패밀리 레스토랑 입구에 설치된 리플릿 거치대 매체
[사진 2] 런던 히드로 공항에 설치된 리플릿 거치대 매체

[사진 3] 고속도로 휴게소에 설치된 리플릿 거치대 매체
[사진 4] 호텔 프론트 데스크 옆에 설치된 리플릿 거치대 매체

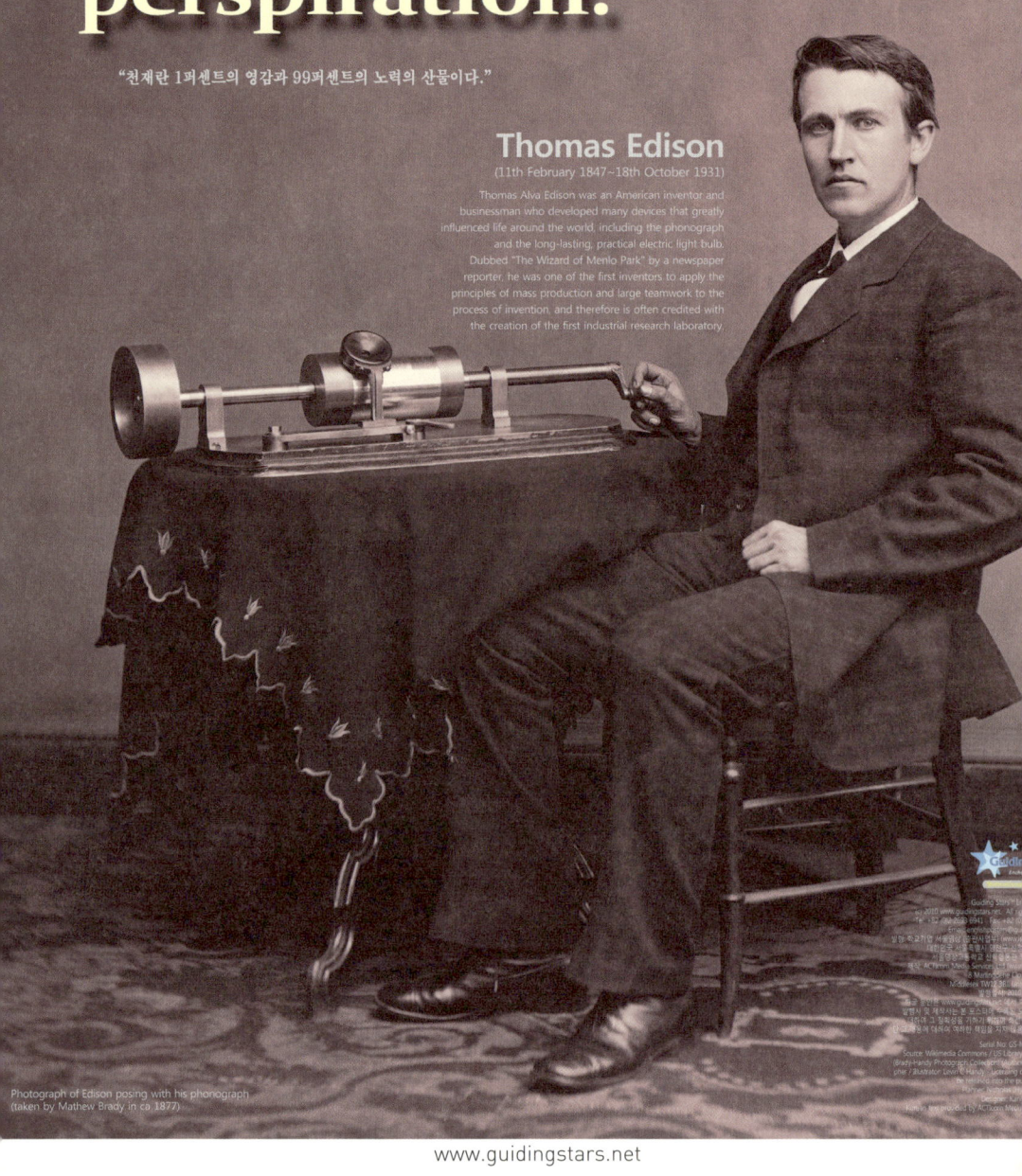

"Genius is one percent inspiration, ninety-nine percent perspiration."

"천재란 1퍼센트의 영감과 99퍼센트의 노력의 산물이다."

Thomas Edison
(11th February 1847~18th October 1931)

Thomas Alva Edison was an American inventor and businessman who developed many devices that greatly influenced life around the world, including the phonograph and the long-lasting, practical electric light bulb. Dubbed "The Wizard of Menlo Park" by a newspaper reporter, he was one of the first inventors to apply the principles of mass production and large teamwork to the process of invention, and therefore is often credited with the creation of the first industrial research laboratory.

Photograph of Edison posing with his phonograph
(taken by Mathew Brady in ca.1877)

201 횡단보도 점멸 경고등 · 84

202 도로명 표지판 · 88

203 Together for London · 93

204 유럽에서의 차량 번호판 국가 코드 · 96

205 영국 차량 번호판의 비밀 · 98

206 런던 지하철 노선표지 · 101

207 런던 버스 정류장 사인 · 106

208 도로 횡단 시 주목해야 할 방향 · 109

209 인도와 차도의 철저한 구분 · 112

**도로
및
교통 사인**

횡단보도 점멸 경고등

점멸식 경고등, 횡단보도에서의 교통사고 줄이는데 한 몫…
펠리컨, 제브라 등 동물 이름으로 횡단보도 형태 구분 이색…

런던을 방문하거나 체류 중인 사람이라면 길거리의 특징 중 하나로 횡단보도(pedestrian crossing)에 설치된 점멸 경고등을 기억할 것이다. 런던뿐만 아니라 영국 전역에 걸쳐 설치되어 운영 중인 이 경고등은 24시간 가동된다.

영국의 횡단보도는 기능별로 크게 2가지로 분류할 수 있다.

첫째는 '펠리컨 크로싱(Pelican Crossing)' 이라고 불리우는 형태로 이는 신호등에 의하여 통제가 된다.

원래는 'pedestrian light controlled crossing' 이라고 길게 일컬어졌으나 이를 축약하여 'Pelican Crossing' 이라고 부르게 되었다고 한다.

펠리컨 크로싱의 많은 경우 통행자가 건너편 신호등이 빨리 초록색으로 바뀌기를 원할 경우 누르는 버튼이 설치되어 있다.

최근에는 이 시스템이 더욱 발전하여 통행자가 서 있는 쪽의 신호등이 초록색으로 바뀌기를 원할 때 누르는 버튼이 설치된 '퍼핀 크로싱(Puffin Crossing)' 이 등장했다. 이는 'pedestrian user-friendly intelligent crossing' 의 축약어이다.

둘째는 '제브라 크로싱(Zebra Crossing)' 인데 이는 신호

[사진 1] 퍼핀 크로싱 횡단보도에 설치된 신호 버튼

등 없이 차도에 표시된 얼룩말 무늬에 의해서 운영되는 형태이다.

횡단보도의 형태를 모두 펠리컨, 퍼핀, 제브라(얼룩말) 등의 동물 이름으로 구분한 것이 흥미롭다.

특별히 지은이의 관심을 끈 것은 제브라 크로싱에 설치된 점멸 경고등이다. 제브라 크로싱에는 신호등이 설치되어 있지 않아도 길을 건너려는 통행자가 나타나면 차량은 무조건 정지해야 한다. 즉 도보 통행자에게 무조건적인 우선권이 주어진다.

그러나 아무래도 모든 사고를 막을 수는 없다. 그래서 등장한 것이 24시간 운영되는 점멸식 경고등인 듯싶다. 물론 모든 제브라 크로싱에 이 경고등이 설치되어 있지는 않지만, 경고등이 설치된 경우가 그렇지 않은 경우보다 교통사고의 위험을 줄일 확률이 높다. 이 경고등 시스템은 차량 및 도보 통행자 모두에게 유용한 것이다.

또한 점멸식 경고등은 신호등을 설치하여 운영하는 경우보다 훨씬 경제적이라고 할 수 있다.

한국에서도 이러한 점멸식 경고등 시스템을 도입하면 횡단보도에서의 교통사고를 많이 줄일 수 있지 않을까?

[사진 3] 제브라 크로싱 횡단보도에 설치된 점멸 경고등

도로명 표지판

현재 한국의 모든 주소는 기존 지번으로부터 도로명과 건물번호를 표기하는 체계로 전환 중에 있다. 앞으로는 도로명 주소 표기가 의무화된다고 한다.

영국 및 많은 선진국이 이미 도로명 및 건물번호 체계에 의거하여 주소를 표기하고 있다. 영국은 도로 표지판이 잘 되어 있는 국가 중 상위에 속하는 편이다. 인적이 드문 산간벽지의 도로에까지 모두 명칭이 부여되어 있다. 따라서, 어느 누구든 주소만 알면 전국 어디든 정확한 위치를 찾을 수 있게끔 해 준다.

기존 한국의 지번 주소는 개인보다는 행정 및 우편의 편익이라는 관점에서 운영되었다. 따라서 누구든지 한 번쯤은 어떤 약속 장소를 찾아갈 때 해당 위치에 있는 사람으로부터 장황하게 설명을 들어야 찾아냈던 경험이 있으리라. 하물며 외국인이라면 한국인의 도움이 없이는 어느 주소를 찾아낸다는 게 거의 불가능한 일이었다.

최근 한국에서는 휴대전화와 차량용 내비게이션 장치가 보편적으로 사용되고 있다. 이는 지번 주소 체계의 불편을 거의 느끼지 못하도록 해 주었다.

그러나 한국에서 이런 첨단 기기가 없이 주소만 가지고 위치를 찾아가거나 자신의 위치를 남에게 알리는 일은 간단한 과제가 아닐 수 있다.

영국의 경우에는 이런 기기의 보급 이전에도 주소를

[사진 1] 영국 도로명 표지판 사례(도로 명칭과 해당 마을 명칭 그리고 막다른 골목길임이 표시되어 있음)

[사진 2] 영국 도로명 표지판 사례(도로 명칭과 해당 마을 명칭, 우편번호가 표시되어 있음)

[사진 3] 영국 도로명 표지판 사례(도로 명칭과 해당 마을 명칭, 사유지에 속한 도로임과 주차 금지가 표시되어 있고 막다른 골목길임이 별도로 명시되어 있음)

알고 지도만 가지고 있다면 전국 어디든 찾아가고자 하는 위치를 쉽게 검색할 수 있었다.

필자의 개인 의견이지만, 한국에서 상점들이 간판을 크게 만드는 이유 중의 하나가 고객들로 하여금 주소만 가지고 해당 점포 위치를 찾게 하는 게 쉬운 일이 아니기 때문이라고 생각한다.

고객 눈에 띄게 하려면 간판을 크게 만드는 것보다 좋은 방법이 있겠는가? 이렇듯 근본적인 원인을 고려하지 않고 간판이 난립되었다면서 철거와 정비를 고집했던 행정당국의 정책이 정당하다고 볼 수 있는지 의문이 든다. 그런 점에서 도로명 및 건물번호 주소 체계의 도입은 환영할 만하다.

영국 도로에서의 도로명 표지판(street name signs)은 지상으로부터 약 1m 높이에 설치되어 있으며 표지판의 크기도 대략 가로 100+cm, 세로 20cm로 큼지막한 편이다. 이 높이와 크기는 차량 운전자가 운전을 하면서 해당 도로 명칭

[사진 4] 영국 개인 주택 건물번호 표지판 사례

을 쉽게 인지할 수 있게 해 준다. 즉 너무 높거나 낮으면 차량 운전자가 쉽게 보지 못할 수 있기 때문이다.

보행자의 입장에서는 도로명 표지판을 내려다봐야 하지만 크게 불편을 주지는 않는다.

영국 도로명 표지판에는 도로명 이외에도 필요에 따라 추가적 정보들이 표시된다. 예를 들어 해당 도로가 소속된 군(county)이나 마을(town)의 명칭, 우편번호(post code), 막다른 길(CUL-DE-SAC), 막힌 길(NO THOROUGHFARE), 사유지에 속한 도로(PRIVATE ACCESS), 주차 금지(NO PARKING) 및 경유 도로의 경우 어느 도로로 통한다는 내용(예: XXXXX ROAD LEADING TO XXXXX STREET) 등이 표기된다.

또한 도로명 표지판은 해당 도로의 양쪽 끝에 각각 설치된 경우가 많다. 그래서 교차로에서는 도로명 표지판을 많이 볼 수 있다.

한국의 행정당국에서 현재 보급 및 부착 중인 건물번호 표지판은 디자인도

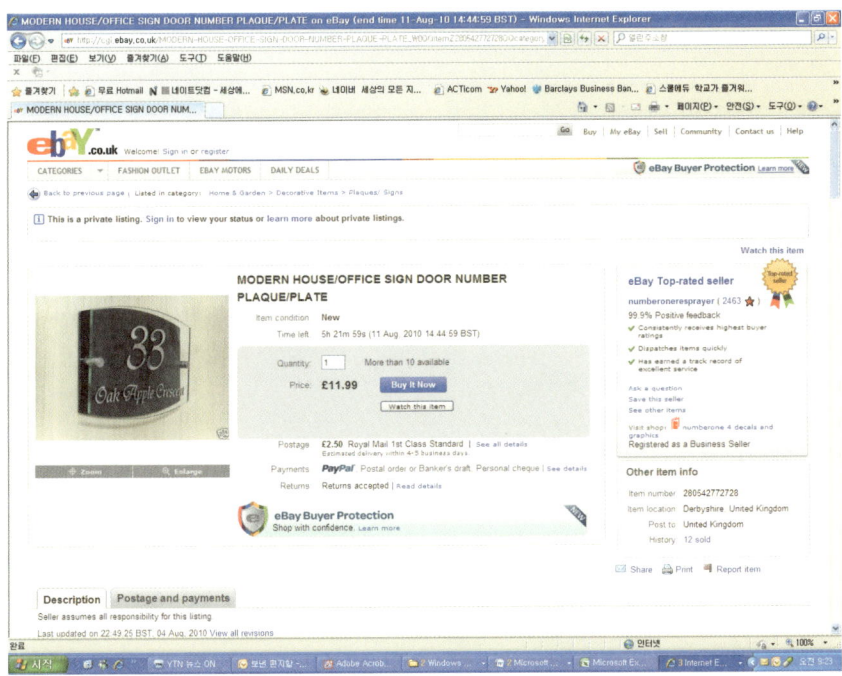

[사진 5] 영국 내 건물번호 표지판을 디자인하여 제작해 주는 업체 사례

일률적이고 크기도 좀 작은 감이 있다. 영국에서는 다양한 크기와 디자인의
건물번호 표지판을 디자인 제작 판매하는 사업체들도 있다.

203
Together for London

런던교통국, 카툰 스타일의 캐릭터로 친근하고 자연스럽게
교통 환경 조성 캠페인 메시지 전달

런던의 대중교통편을 이용하다 보면 'Together for London'이라는 캠페인 포스터를 이곳저곳에서 볼 수 있다.

사람 사는 곳은 어디나 마찬가지인 듯⋯ 런던에서도 버스, 지하철 등 대중교통 수단을 이용하다 보면 다른 사람들에게 불편함과 불쾌감을 주는 것을 아랑곳하지 않는 몰지각한 승객들이 있다.

이러한 사례를 막고 공중도덕의 향상을 위해 런던교통국(Transport for London)에서는 위와 같은 캠페인을 시행하고 있다.

캠페인의 헤드라인은 "A little thought from each of us. A big difference for everyone.(우리 각자의 작은 배려가 모두를 위한 큰 차이를 만듭니다.)"

자칫하면 따분할 수도 있는 캠페인을 위해 친근감 있는 카툰 스타일의 캐릭터들이 등장하고 있는 게 흥미롭다.

캠페인의 세부 내용은 [사진 1~2] 및 [표 1]의 설명을 참조하기 바란다.

포스터 슬로건	세부 내용	
Sharing the road makes a big difference for everyone. 도로를 공유하면 모두를 위한 큰 차이를 만듭니다. What will you do? 무얼 하시겠습니까?	I'll stop at red lights. 빨간 불에 멈추겠습니다. I'll keep my feet off the seat. 발을 의자에 올리지 않겠습니다.	I'll always check my mirrors. 항상 미러를 확인하겠습니다. And I'll offer you my seat. 내 자리를 양보하겠습니다.
What will you do? 무얼 하시겠습니까?	I won't play my music out loud. 음악을 크게 틀지 않겠습니다.	And I won't eat smelly food. 냄새나는 음식을 먹지 않겠습니다.
Sharing the road makes a big difference for everyone. 도로를 공유하면 모두를 위한 큰 차이를 만듭니다.	I'll look before pulling out. 차를 빼기 전 주위를 확인하겠습니다.	I'll look before stepping out. 길을 건너기 위해 발을 떼기 전 주위를 확인하겠습니다.

[사진 1~2] 'Together for London' 캠페인 포스터의 콘텐츠
[표 1] 포스터 슬로건 및 세부 내용

[사진 3] 런던 버스 내부의 'Together for London' 캠페인 포스터
[사진 4] 런던 지하철 역사의 'Together for London' 캠페인 포스터

204
유럽에서의 차량 번호판 국가 코드

유럽 내 어디에서도 차량의 국적 식별 가능

유럽 공동체(EU: European Union)는 각 회원국으로 하여금 차량 등록시 차량 번호판(vehicle registration plate) 형태를 통일시키도록 규정하고 있다.

일반적인 EU 차량 번호판은 번호판의 왼쪽에 파란색 부분을 마련해 두고 유럽 공동체를 상징하는 별 마크와 1998년 11월 3일부로 도입한 해당 국가의 알파벳 약호를 표시한다.

유럽 공동체 회원국 국민들은 서로의 국경에 대하여 검문검색 없이 통과할 수가 있다. 따라서 어떤 차량이 어느 회원국 소속인지를 표시하는 게 중요하다.

이러한 EU의 차량 번호판 형태는 핀란드, 스웨덴, 사이프러스 그리고 영국에서는 의무 사항이 아니다.

영국 본토(Great Britain)의 경우, 차량 운전자들은 자신의 차량에 대하여 잉글랜드(England), 스코틀랜드(Scotland), 웨일스(Wales)의 국기(national flag) 또는 영국기(Union Jack)와 함께 'ENG(잉글랜드 경우)', 'SCO(스코틀랜드 경우)', 'WALES' 또는 'CYM(웨일스 경우)', 'GB(Great Britain의 의미)' 또는 'UK(United Kingdom의 의미)'의 약호를 사용할 수가 있다.

이러한 영국 본토의 차량 번호판 국가 코드들은 'GB'를 제외하고 유럽 대륙에서는 인정받지 못하고 있다. 따라서 영국 차량을 유럽 대륙에서 운행할 때는 별도로

'GB' 코드판을 차량에 부착해야 한다.

한편, 영국의 일부인 노던 아일랜드(Northern Ireland)에서는 유럽 공동체가 인정하는 형태의 'GB' 번호판만 인정된다.

회원국	약어	사례
Austria	A	S ● 578 IL
Belgium	B	976-BGM
Bulgaria	BG	CA 7845 XC
Cyprus	CY	CKQ 273
Czech Republic	CZ	5A6 ● 3240
Denmark	DK	DD 12 312
Estonia	EST	307 RTB
Finland	FIN	BZM-I84
France	F	AA-229-AA
Germany	D	KA ● PA 777
Gibraltar	GBZ	G 4388 B
Greece	GR	IBX ● 5470
Hungary	H	HKL ● 008
Ireland	IRL	08-TN-231053
Italy	I	CZ · 889KF
Latvia	LV	FM - 4763
Lithuania	LT	AVF ● 468
Luxembourg	L	LU 7789
Malta	M	WTO · 110
Netherlands	NL	01-GO-RL
Poland	PL	ERA · 87TL
Portugal	P	25·33·XQ
Romania	RO	BN 18 CTL
Slovakia	SK	BL ● 976AA
Slovenia	SLO	CE N4 - 580
Spain	E	2008 ZGZ
Sweden	S	STH ● 561
United Kingdom	GB	LA5I ABC

[사진 1] 유럽 공동체 각 회원국 별 차량번호판 사례
[사진 2~4] 자석식으로 만들어진 GB 번호판 사례
[사진 5] EU 엠블럼(emblem)

영국 차량 번호판의 비밀

앞 번호판은 흰색 바탕, 뒤는 노란색 바탕

영국을 처음 방문하는 외국인이 영국인에게 가장 많이 질문하는 것 중의 하나는 "왜 어떤 차는 흰색 바탕 번호 판을 달고 다니는데 어떤 차는 노란색 번호판을 달고 다 니느냐?"는 것이라고 한다.

그 답은 의외로 간단하다. 즉, 어느 한 차량의 경우 앞 번호판은 흰색 바탕이고 뒷 번호판은 노란색 바탕이 라는 것!

가장 최근 도입된 차량 번호판 시스템은 2001년 9월 1일부터 운영되고 있는데 맨 왼쪽에 국가 식별 기호가 있고 나머지는 7개의 알파벳과 숫자의 조합으로 이루어 져 있다.

국가 식별 기호는 GB가 가장 일반적인데 이는 'Great Britain'의 약어이다. 국가 식별 기호는 영국 내에서는 부 착하지 않아도 되지만 영국을 벗어나 유럽의 기타 지역 으로 나갈 경우에는 의무적으로 표식해야 한다.

현재의 시스템은 2051년 2월 28일까지의 차량 번호판 을 부여하는 데 문제가 없다고 한다.

한편, 부유층이나 유명인사들은 '개인 번호판 (personalised number plate)'을 특별히 주문하여 장착하고 다 니기도 한다.

물론 이들 개인 번호판은 일반적인 번호판과 마찬가지 로 DVLA(Driver & Vehicle Licensing Agency: 운전자 및 차량 등록

[사진 1~2] 차량 앞 번호판은 흰색 바탕, 뒷 번호판은 노란색 바탕

청)의 통제 및 승인하에 운영된다.

　이들 개인 번호판은 시간이 갈수록 프리미엄이 붙어 번호판을 팔려는 사람과 사려는 사람 사이에 매매 거래가 이루어지기도 한다.

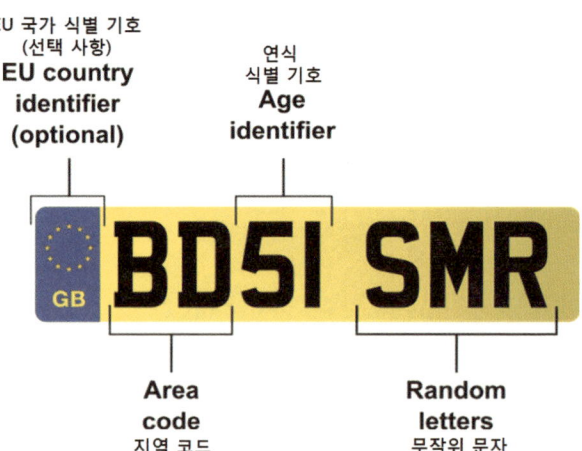

[사진 3] 어느 지방 귀족이 자신 이름의 이니셜을 딴 개인 번호판을 부착한 사례
[표 1] 차량 번호판의 구성 요소

런던 지하철 노선 표지

역사 명칭 외에 동서남북 방향 표시가 있어

런던에서 지하철(underground)을 타 보면 많은 경우, 특히 나 환승역은 마치 미로를 걷는 기분이 들 때가 많다. 즉, 가까운 거리를 먼 길을 돌아 찾아가는 듯한 느낌이 들 때 가 많다.

이는 런던 지하철이 1863년 일부 구간이 개통된 세계 에서 가장 오래된 지하철 시스템으로서 연결 통로를 현 대적 건설 방식으로 만들지 못한 데에도 일부 원인이 있 다고 한다. 좌우지간 그 당시 한반도는 조선 시대였던 점 을 고려한다면 런던 지하철은 유럽에서도 최첨단 교통 시스템이었다.

런던 지하철과 서울 지하철의 노선 표지를 비교해 보 자면 많은 부분이 유사하다. 이는 지하철 노선도(tube map)를 보아도 유사함을 느낄 수 있다.

서울 지하철은 런던 지하철에 비하여 훨씬 현대적이고 청결하며 세세한 부분에까지 신경을 쓴 느낌이 든다.

이에 비하여 런던 지하철은 환기가 잘 안 되어서인지 냄새도 좀 나는 것 같고 전동차들도 정시 출·도착을 못 맞추는 경우도 허다하다.

그런데 외국인이 지하철을 이용하여 어느 지점에 갈 경우 런던 지하철이 서울 지하철보다 잘 되어있는 한 가 지를 들자면, 서울에서는 목적지를 찾을 경우 역사 명칭 과 노선 명칭에 의존해야 하는데 런던에서는 이에 추가

[사진 1] 런던 지하철 역사에서 원하는 플랫폼으로 이동하기 위해 미로와 같은 통로를 지나가는 승객들

[사진 2~3] 런던 지하철 내 동서남북 방향 표시가 되어 있는 플랫폼 표지판

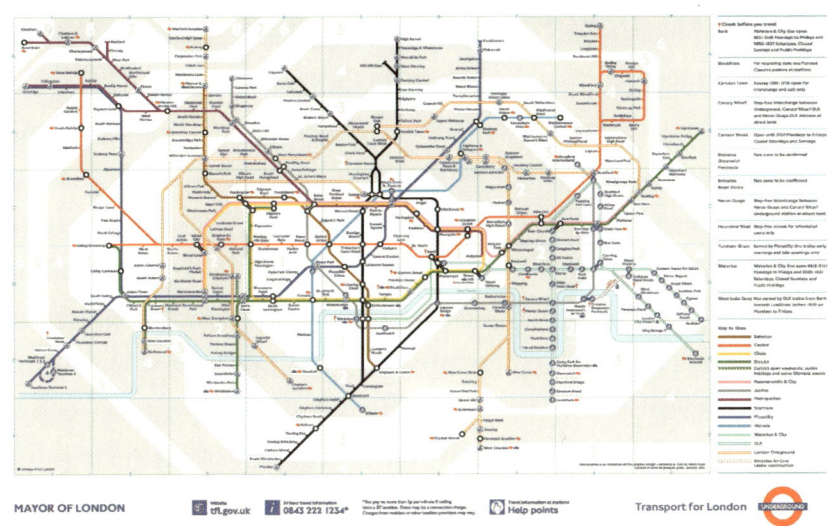

[사진 4] 런던 지하철 노선도(London Tube Map)

하여 동서남북의 방향 표시가 명기되어 있다는 점이다.

즉, 동쪽(오른쪽)은 'Eastbound', 서쪽(왼쪽)은 'Westbound', 남쪽(아래쪽)은 'Southbound', 북쪽(위쪽)은 'Northbound'라고 별도 표시를 해 놓은 것이다. 이는 역사 명칭과 노선 명칭에 익숙하지 않은 외국인으로서는 목적지를 찾기 위한 감을 잡는데 큰 도움이 된다.

사실 영국에서는 동서남북 방향 표시가 런던 지하철에서만 있는 게 아니라 일반 차량을 위한 도로 교통 표지판에도 자주 등장하여 운전자들에게 도움을 주고 있다.

런던 버스 정류장 사인

많은 경우 손을 내밀어야 버스를 세울 수 있어

지하철과 함께 런던 대중교통의 커다란 축을 형성하는 버스… 런던에는 전통적인 이층버스 외에 이제는 실용적 차원에서 도입된 단층 버스들도 많이 운행되고 있다.

　여기에서는 런던 버스 정류장 사인의 이모저모를 살펴보기로 하자. 런던 시내에서는 어느 길에서나 쉽사리 버스 정류장을 발견할 수 있는데 쉘터(shelter)가 설치된 곳도 있지만, 변두리로 갈수록 '플래그(flag)'만 설치된 곳이 많다.

　특히 한적한 곳일수록 플래그에 'REQUEST STOP(정차를 요청하시오)'이라는 문구가 있는데 버스를 타려면 손을 내밀어 세워 줄 것을 요청해야 한다. 그렇지 않으면 버스가 정차하지 않고 그냥 지나가 버린다. 이 표시가 없는 곳이라면 손을 흔들지 않아도 버스가 정차한다.

　모든 플래그에는 고유 명칭이 붙어 있다. 한편, 플래그 상단의 알파벳 표시는 해당 플래그의 고유 번호를 버스 운영사가 런던 교통 당국과 정하여 붙인 기호이므로 버스를 이용하려는 일반인들은 신경 쓸 필요가 없다.

　플래그 하단에 설치되어 있는 버스 노선도는 글씨가 작은 편이라서 런던을 처음 방문하는 경우라면 사전에 www.tfl.gov.uk에서 노선과 버스 번호 등을 확인한 후 승차하는 게 좋겠다.

　일부 플래그에는 야간에 잘 보이도록 하단의 버튼을

[사진 1] 런던 버스 정류장 플래그 사례(연한 파랑색 바탕의 숫자(사진의 경우는 'N22')는 야간 운행 버스 번호를 의미함)

[사진 2] 다음에 도착할 버스를 휴대폰 문자로 안내해 주는 서비스 사례

누르면 후면 조명이 되는 버스 노선도도 등장했다.

또한 휴대폰을 소지한 경우라면 해당 플래그의 ID 번호를 전송하면 다음 도착할 버스에 대한 정보를 주는 서비스도 등장했다.

이러한 버스 정류장 플래그의 기본 디자인은 수십 년째 전혀 변경되지 않은 채 운영되고 있다.

[사진 3~4] 버튼(파란색)을 누르면 상단 버스 노선도에 조명이 비쳐짐

208
도로 횡단 시 주목해야 할 방향

영국은 도로 교통 측면에서 가장 안전한 국가 중의 하나

2009년 현재 런던의 인구는 7백8십만 명에 이른다.

1개의 '시티(City)'와 32개의 '버러(Borough)'로 이루어진 런던은 전체 면적이 1,570km²에 달하는데 영국은 물론이고 유럽에서 최대 규모의 도시이다.

참고로 서울의 전체 면적이 605.25km²에 1천만 명이 넘는 인구를 보유한 점과 비교하면 훨씬 넓은 지역에 적은 인구가 살고 있음을 알 수 있다. 런던을 방문하는 외국 관광객은 1천4백만 명에 달하여 세계 최대의 관광 목적지로 자리 잡고 있다.

이렇듯 국제도시인 런던에는 당연히 외국인들이 많을 수밖에⋯ 개인적으로, 지은이는 1989년 9월 제일기획 주재원으로 부임차 최초로 런던에 도착하여 숙소로 향하고 있었는데 어느 백인 여자가 다가와 길을 묻던 경험을 가지고 있다. 그만큼 피부색을 막론하고 외국인들에게 익숙한 것이 런던 사람들이다.

위에 열거한 이유여서인지는 몰라도 런던에서 도로를 횡단할 때면 차도 바닥에 흰색 페인트로 'LOOK LEFT(왼쪽을 보시오)', 'LOOK RIGHT(오른쪽을 보시오)', 'LOOK BOTH WAYS(양쪽을 보시오)' 등 차량이 다가오는 방향을 보라는 표시가 사방에 있다.

사실 영국은 도로 교통 측면에서 가장 안전한 국가 중의 하나이다. 횡단 신호등이 설치되어 있지 않은 경우 도

보 통행자가 길을 건너려면 차량은 정지를 해 준다.

　다만 역사적 이유 때문에 차량이 좌측통행을 하는 국가이다 보니 이에 익숙하지 않은 외국인들은 교통사고를 당할 위험이 상대적으로 크다고 할 수 있다. 따라서 영국에서 도로를 횡단할 때는 반드시 차도에 표시된 차량 접근 방향을 인지한 후 길을 건너야 한다.

　런던과 같은 대도시를 벗어나면 이런 표시가 없는 경우가 많다. 따라서 이럴 때는 반드시 양쪽을 살핀 후 길을 건너야 한다.

[사진 1~3] 도로 횡단시 차량 접근 방향이 차도상에 표시되어 있는 사례들

인도와 차도의 철저한 구분

엄격한 도로 교통안전 규제가 적용되어

지은이가 개인적으로 1989년 9월부터 약 20여 년간 런던에 거주하면서 가장 부러웠던 점 중의 하나는 지나치리만큼 엄격한 도로 교통안전 규제이다.

우선, 런던 등 대도시는 물론이고 산간벽지를 가더라도 100% 인도와 차도가 엄격하게 구분되어 있다. 인도에는 사람만이 통행할 수 있으며 자전거를 포함한 모든 차량(vehicle)은 차도를 이용해야 한다.

영국에서 소위 일컫는 '개구리 주차'를 하는 차량이 있다면 주민은 즉각 경찰에 신고하며 이에 출동한 교통 감독관(traffic warden)은 주차 위반 딱지 발급과 견인 조치 등을 취한다. 어느 경우는 이런 차량에 흠집을 내는 사례도 있다고 한다. 차량이 '감히' 사람이 다니는 인도 일부를 차지하는 일은 적어도 영국에서는 거의 없다고 보면 된다.

또한 지은이는 런던에서 도로 확장 공사를 하는 것을 본 적이 거의 없다. 오히려 차선을 줄이는 공사는 여러 번 목격했다. 또한 차도에 인접한 인도가 너무 협소할 경우 차도를 오히려 줄이고 인도를 넓히는 경우도 여러 번 목격했다. 그야말로 철저하게 도로 교통 정책의 우선순위는 차량이 아니라 도보 통행자들인 것이다.

최근에는 자전거 통행을 장려하기 위해서 자전거 전용 도로가(이 역시 차도의 일부를 사용하여) 많이 늘고 있다.

차도에 있어서도 차량은 각종 표시로 규제를 받는 경우가 허다하다. 따라서 런던 같은 대도시 내에서 차량을 운행한다는 것은 엄청난 스트레스와 경비 발생을 자초하는 일이다.

지은이도 런던 거주 초기에는 '무지의 상태'에서 불법 주정차하여 어마어마한 금액의 범칙금을 낸 경우가 많았다. 처음에는 화가 나기도 했으나 이제는 교통안전이 그 무엇보다도 중요하다는 데 대해서 이견이 없다.

[사진 1] '버스 정류장(BUS STOP)'이 표시된 차도 구간에서는 버스를 제외한 다른 차량들은 일체 주정차를 할 수가 없다.

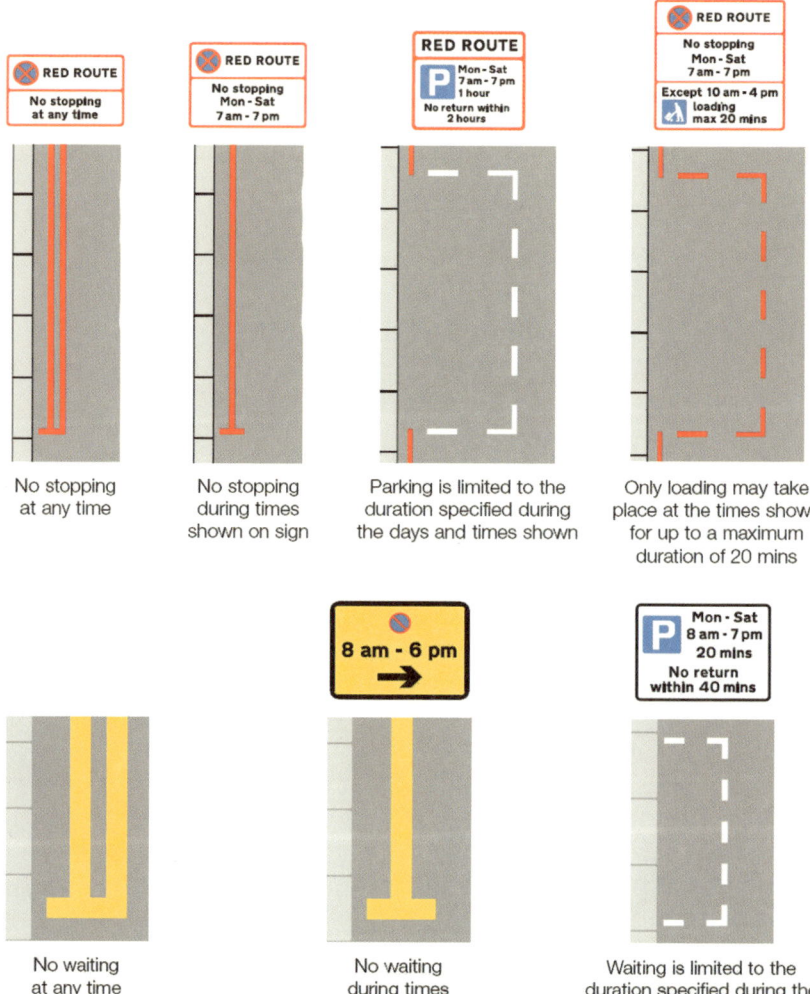

No stopping
at any time

No stopping
during times
shown on sign

Parking is limited to the
duration specified during
the days and times shown

Only loading may take
place at the times shown
for up to a maximum
duration of 20 mins

No waiting
at any time

No waiting
during times
shown on sign

Waiting is limited to the
duration specified during the
days and times shown

[표 1] 차도는 각종 규제 표시로 차량들을 엄격하게 통제한다.

[사진 2~3] 영국에서는 도시나 산간 어디를 가도 인도와 차도의 구분이 확실하다.

"The readiness is all."

"매사 준비를 잘 하는 것이 관건이다."

William Shakespeare

(Baptized 26th April 1564~23rd April 1616)

William Shakespeare was an English poet and playwright, widely regarded as the greatest writer in the English language and the world's preeminent dramatist. He is often called England's national poet and the "Bard of Avon" (or simply "The Bard"). His surviving works consist of 38 plays, 154 sonnets, two long narrative poems and several other poems. His plays have been translated into every major living language and are performed more often than those of any other playwright.

**시설물
사인**

301 자전거 임대 시스템 · 118

302 쓰레기 처리장과 재활용품 수거함 · 121

303 공식 런던 2012 숍 · 124

304 차량편 영국과 프랑스를 이동하는 채널 터널 · 127

301
자전거 임대 시스템

효율적인 관리와 도난 방지 위해 최첨단 기술 접목

2010년 7월 말 런던 중심가에 자전거 임대 시스템(bicycle hire system)이 등장했다.

즉 시내 곳곳에 자전거 정류장(bicycle docking station)을 설치해 두고 이용자가 한 정류장에서 자전거를 빌려 탄 후 다른 어느 정류장에서건 자전거를 반납할 수 있도록 허용하는 시스템이다.

당시에 런던 전역에 비치된 자전거는 총 6천 대에 달했다고 한다.

이용을 원하는 사람은 먼저 운영자인 런던 교통국(Transport for London) 웹사이트(http://www.tfl.gov.uk/roadusers)에서 회원 가입을 한 후 RFID 방식으로 작동하는 열쇠를 우송 받아 자전거를 임대 사용하게 된다. 런던 교통국에 따르면 자전거의 도난과 파손 방지를 위해 이용자의 인적 사항을 미리 파악해야 한다는 것이다.

그러나 향후 자전거 대여 시스템이 정착되는 시점에는 회원 가입이 없어도 수시로 사용할 수 있는 시스템이 도입될 예정이라고 한다.

자전거 임대료는 시스템 접속료(access fee)와 사용료(usage fee)의 2가지 부분으로 구성되어 있다. 접속료는 24시간에 £1, 7일에 £5이며, 사용료는 30분 이내는 무료, 1시간까지는 £1, 1시간 반까지는 £4 등이다.

예를 들어 1시간을 임대하려면 접속료 £1에 사용료

[사진 1] 런던 자전거 정류장

[사진 2~3] 런던의 자전거 전용 도로(도로상 파란색 표시 부분)와 자전거 임대 시스템을 고지하는 배너

[사진 4] 협찬사 바클레이즈(Barclays)의 로고가 선명하게 부착된 자전거

£1의 합계인 £2를 지불해야 한다.

이 자전거 임대 시스템은 또한 상업적 협찬사의 재정적 지원을 받고 있다. 현재의 협찬사는 영국 굴지의 금융 그룹인 바클레이즈(Barclays)이다. 자전거 그리고 자전거 정류장 그리고 시내 곳곳의 자전거 전용도로에 바클레이즈의 로고가 선명하게 노출되고 있다.

과거 유럽 대륙에서도 유사한 자전거 임대 시스템이 등장했다가 운영의 미숙으로 도난, 파손이 발생하고 자전거 정류장이 흉물로 전락한 사례가 있었다. 런던에서는 과연 이 새로운 시도가 잘 정착될지 주목된다.

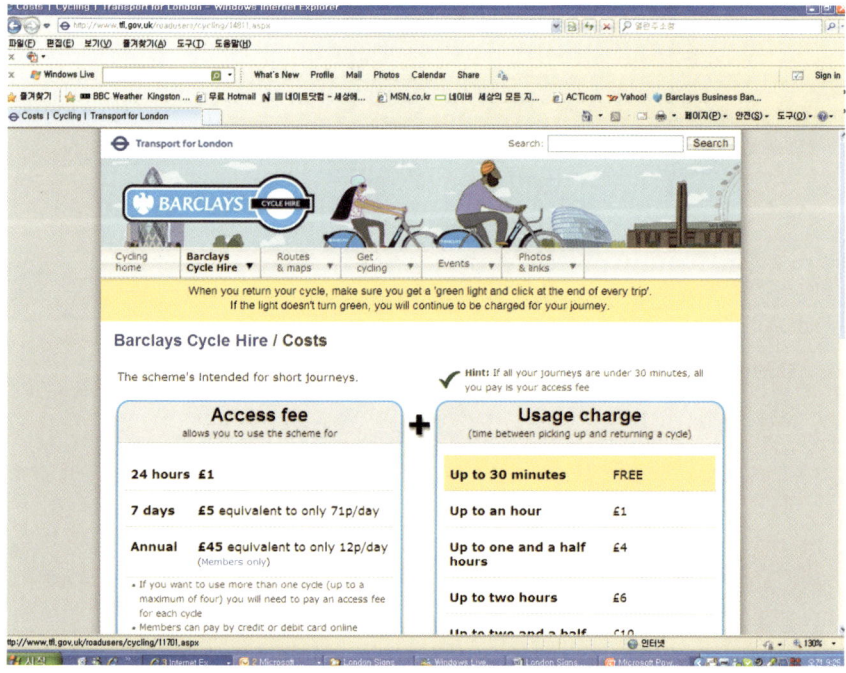

[사진 5] 런던 교통국 웹사이트(http://www.tfl.gov.uk/roadusers) 상 자전거 이용료 고지 내역

302
쓰레기 처리장과 재활용품 수거함
종류별로 잘 구분하여 수거하는 시스템

쓰레기와 재활용품 처리는 전 세계 어느 나라나 골칫거리이다. 한국에서는 쓰레기 종량제가 1990년대 중반부터 시행되어 그 이전에 비하여 매립 및 소각 처리해야 하는 쓰레기의 양이 상당히 줄었다고 한다.

이 글에서는 영국과 한국의 쓰레기 처리 방식에 대한 차이점을 특히 환경미화 및 사이니지 측면에서 몇 가지 비교해 보고자 한다.

지방자치단체별로 차이가 있는지는 필자도 정확히 모르겠으나 한국에서는 음식물 쓰레기 수거통 이외에 재활용품 수거통은 아파트 단지나 대규모 상가 단지 외에는 별로 비치된 것 같지 않다.

그 결과 일반 주택가의 경우 골목마다 방치된 재활용품들이 역시 규정을 지키지 않고 내버린 쓰레기 봉지들과 섞여진 경우가 간혹 있다.

영국에는 아파트보다 단독 주택들이 훨씬 많다. 해당 지자체에서는 주간 단위로, 즉 매주 하루를 지정하여 개별 주택을 방문하여 쓰레기와 재활용품을 수거해 간다.

이를 위해 각 가정에서는 쓰레기는 쓰레기 봉지(bin bag)에 넣어 그리고 재활용품은 종류별 플라스틱 수거통에 넣어 자기 집 앞 정원(front garden)과 도로의 경계선 상에 - 보다 정확히 말하면 경계선을 기준으로 주택 안쪽에 - 수거일 새벽 6시까지 비치해 두어야 한다.

쓰레기 봉지는 주로 검은색으로서 슈퍼마켓에서 구입이 가능하다. 한국에서와는 달리 영국의 쓰레기 봉지는 어느 지자체에서도 사용이 가능하다.

그런데 쓰레기 봉지만 집앞에 내놓았을 때는 여우나 다람쥐 등이 쓰레기 봉지를 뜯어 주변을 엉망으로 만드는 경우가 많아 보통은 대형 쓰레기 봉지를 2개 정도 넣을 수 있는 크기의 플라스틱 통에 넣어놓는다. 재활용품의 경우 통상 2개의 플라스틱 수거통이 각 가정에 지급되는 데 하나는 종이류를 넣기 위해서, 다른 하나는 유리병, 플라스틱병 등을 넣기 위해서 사용된다.

이러한 수거 요령을 지키지 않는 가정이 있으면 지자체에서는 수거해 가지 않을 수 있다. 또한 수거일을 제외한 나머지 6일간은 일체 쓰레기를 공공 도로에 방치할 수가 없다. 이를 위반할 경우 벌금이 부과된다.

그렇다면 수거일이 아닌 경우 쓰레기와 재활용품을 버리고 싶으면 어떻게 해야 할까? 쓰레기는 지자체마다 마련한 쓰레기 처리장에 가지고 가서 버릴 수 있다. 재활용품은 슈퍼마켓, 주차장, 도서관, 기타 사람들이 많이 모이는 장소 곳곳에 편리하게 비치된 종류별 수거함에 넣으면 된다.

영국에서는 이토록 쓰레기 처리장과 재활용품 수거함이 곳곳에 비치되어

[사진 1] 영국 가정은 매주 하루씩 쓰레기와 재활용품을 배출할 수 있다. (왼쪽부터) 종이류 수거통, 기타 재활용품용 수거통, 음식물 수거통이 집앞에 놓여져 있다.

있기 때문에 거리가 깨끗하게 유지된다. 한국에서도 영국의 사례에서 보듯이 사용자 입장에서 확실한 비주얼적 가이드라인이 주어지고 엄격한 법 적용이 이루어진다면 더욱 깨끗한 환경을 실현할 수 있으리라고 생각한다.

[사진 2] 지자체에 별도 비용을 지불하면 정원 쓰레기(garden waste 또는 green waste: 잔디, 나무 가지, 나뭇잎 등)를 넣을 수 있는 수거통을 임대할 수 있으며 지자체에서는 통상 격주로 수거해 간다.
[사진 3] 런던의 도로변 주차장 구석에 마련된 재활용품 수거함들로서 재활용품 종류별로(예: 의류와 신발류, 일반 종이류, 카드보드(card board) 종이류, 투명 유리병류, 갈색 유리병류, 캔류 등) 비치되어 있다.

303
공식 런던 2012 숍

올림픽 기념품 판매장으로 옥스퍼드 스트리트 등 4개소 운영

2012년 7~8월에는 런던에서 하계 올림픽이 개최된다. 이를 위해 2012년 상반기 런던은 전 지역이 공사판이다. 즉 올림픽 손님들을 맞이하기 위한 새단장(facelift)이 한창이다. 런던 올림픽에 대한 상세한 정보는 공식 웹사이트인 www. london2012.com을 참고하기 바란다.

런던올림픽조직위원회에서는 올림픽 기념품(merchandise)을 판매하는 공식 런던 2012 숍(Official London 2012 Shop)을 개점하였다.

이 기념품 숍의 오프라인 매장은 런던 최중심가 옥스퍼드 스트리트(Oxford Street) 본점을 포함 총 4개소에서 운영되고 있으며 온라인 숍(shop.london2012.com)도 개점 운영 중이다.

런던 2012 숍의 기념품들은 본 대회의 공식 스포츠 의류 파트너인 아디다스(Adidas) 및 공식 의류 및 가정용품 공급업체인 넥스트(Next)가 주축이 되어 개발했다고 한다. 이들 후원업체는 자체 매장에서도 일부 기념품들을 판매하고 있다.

2010년 5월 발표된 런던 올림픽과 장애인 올림픽의 마스코트인 웬록과 맨더빌을 주제로 한 각종 기념품들도 등장했다. 이들 마스코트에 대한 상세한 설명은 www. mylondon2012.com/mascots에서 확인할 수 있다.

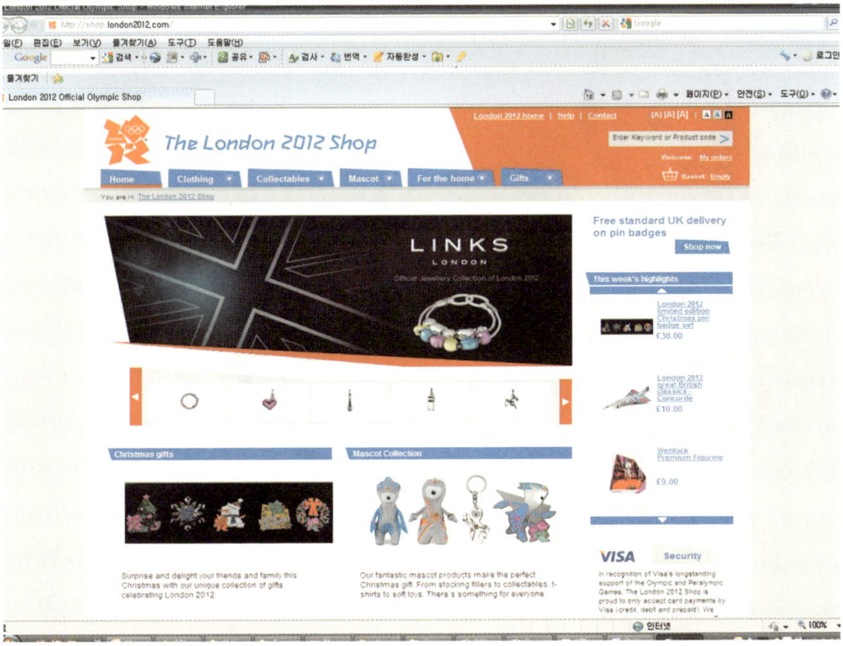

[사진 1] 런던 2012 숍 로고
[사진 2] 런던 세인트 팬크라스 국제기차역(St Pancras International Station)에 소재한 런던 2012 숍 내부 모습
[사진 3] 런던 2012 숍 웹사이트(shop.london2012.com)

[사진 4] 런던 2012 올림픽 기념 거리 배너
[사진 5] 런던 2012 올림픽 마스코트인 웬록(Wenlock)(왼쪽)과 런던 2012 장애인 올림픽 마스코트인 맨더빌(Mandeville)

차량편 영국과 프랑스를 이동하는 채널 터널

양국의 사인이 공존하는 공간

'채널 터널(Channel Tunnel)'은 영국과 프랑스 사이의 해저를 잇는 50.5km의 터널로서 1994년 6월 공식 개통되었다. 채널 터널을 왕복하는 '유로터널 르 셔틀(Eurotunnel le Shuttle)' 기차 서비스를 이용하여 승객은 물론이고 승객 또는 화물을 태운 차량이 양국 간을 이동할 수 있게 되었다.

승용차를 탄 채 채널 터널을 통과하기 위해서는 영국 쪽은 포크스톤(Folkstone)에, 프랑스 쪽은 칼레(Calais)에 각각 설치되어 운영 중인 승객 터미널 서비스를 이용해야 한다. 승객 터미널 건물 내에서는 아직 탑승까지 여유가 있는 승객들을 위해 쇼핑, 환전, 식음료 서비스가 제공된다.

영국에서 프랑스로 이동하려는 경우 탑승 준비가 완료된 승객들은 차량에 탄 채 포크스톤 터미널에서 프랑스 입국 심사를 받게 되는데 차량 승객 전원은 여권을 제시해야 한다. 이 절차를 마친 차량은 바로 안내원들의 수신호에 따라 유로터널 르 셔틀 기차에 탑승하게 된다.

약 30분 후 프랑스 칼레에 도착하여 기차에서 내리면 이미 프랑스에 입국한 상태이므로 지체 없이 프랑스 내 다른 목적지로 향할 수 있다. 단, 법적으로 영국 차량은 차량의 후면에 'GB'라는 영국 차량 식별 표지를 부착해야 한다.

거꾸로 프랑스에서 영국으로 차량편 입국하는 경우도 위의 절차와 유사하다. 단 프랑스 차량은 차량의 후면에

'F'라는 프랑스 차량 식별 표지를 부착해야 한다. 또한 포크스톤 부근 도로에는 영국 내 운전시 주의사항들을 고지하는 표지판들이 눈에 띈다.

거리 단위 상 유럽 대륙이 km(킬로미터)를 쓰는 데 비해 영국은 m(마일)을 쓴다. 또한 차량 운전 방향에 대해서도 'KEEP LEFT(좌측에 붙으시오)' 라는 주의 표지를 볼 수 있다.

[사진 1~2] 채널 터널 승객 터미널 건물 내부(쇼핑, 환전, 식음료 서비스가 제공됨)
[사진 3] 채널 터널 터미널의 모든 표지는 영어 및 프랑스어 2개 국어로 표기되어 있음

[사진 4] 승객을 태운 차량이 안내원의 수신호에 따라 유로터널 르 셔틀 기차에 탑승하는 중
[사진 5] 영국에 도착한 외국 차량 운전자를 위한 안내 표지판(속도 제한, 차량 운전 방향 등을 고지하고 있음)

"And so, my fellow Americans: ask not what your country can do for you – ask what you can do for your country."

From his inaugural address on 20th January 1961

"따라서, 친애하는 미국민 여러분,
여러분의 나라가 여러분을 위해
무엇을 할 수 있는지 묻지 말고
여러분이 여러분의 나라를 위해
무엇을 할 수 있는지 묻기 바랍니다."

John F Kennedy

(29th May 1917~22nd November 1963)

John Fitzgerald "Jack" Kennedy, often referred to by his initials JFK, was the 35th President of the United States, serving from 1961 until his assassination in 1963. He was the second youngest US president (after Theodore Roosevelt), the first president born in the 20th century, and the youngest elected to the office, at the age of 43. Kennedy is the first and only Catholic president, and is the only president to have won a Pulitzer Prize. Events during his administration include the Bay of Pigs Invasion, the Cuban Missile Crisis, the building of the Berlin Wall, the Space Race, the African American Civil Rights Movement and early events of the Vietnam War.

**사인 문화
및
트렌드**

401 고객의 편의를 염두에 둔 점포의 영업시간 안내판 · 132

402 일간지들의 콤팩트 포맷화 추세 · 135

403 부동산 매매 및 임대 사인 · 137

404 런던 지하철 주제 기념상품 · 140

405 공동묘지는 마을 안에 소재 · 142

406 카페 느낌이 드는 부동산 중개소 · 146

401
고객의 편의를 염두에 둔
점포의 영업시간 안내판

규격과 형태 다양… 성인 고객 눈높이에 부착

한국도 주 5일 근무가 확산되면서 일요일에는 휴무를 위해 문을 닫는 점포가 많아졌다. 이를 깨닫지 못하고 점포를 방문했다가 문이 닫혀서 당황하거나 실망하는 경우도 생긴다. 이때 점포의 입구에 영업시간 안내 또는 휴무에 대한 고지가 게시되어 있다면 이를 보는 이는 조금 기분이 나아질 듯하다.

영국을 포함한 유럽 국가들 및 미국 등지에서는 점포 입구에 영업시간(opening hours 또는 business hours) 안내판이 붙어있는 경우가 대부분이다. 이렇게 안내판을 붙여두면 고객이 주중 영업시간에 해당 점포를 방문했을 때 그 점포가 언제 휴무인지를 사전에 인지할 수 있다. 따라서 이런 안내판은 결국 고객서비스의 일환이 되는 것이다.

이러한 영업시간 안내판은 그 규격과 형태가 매우 다양하다. 단 부착위치는 대개가 성인 고객의 눈높이에 맞춘 경우가 대부분이다. 휴무 중에는 영업시간 안내판 이외에도 'CLOSED'라는 휴무 안내판을 별도로 부착하여 혹시 방문할 수도 있는 고객에게 휴무를 고지한다.

[사진 1] 주유소 매장 입구 유리문에 부착된 영업 시간 안내판
[사진 2] 목재 판매상 고객 응접실(customer reception) 유리창에 부착된 영업시간 안내판
[사진 3] 옥외 주차장 입구에 표시된 주차장 이용 시간 및 이용 절차 안내판

[사진 4] 전국 네트워크를 갖춘 보석상 HS 사무엘(HS Samuel) 매장 유리문 입구에 부착된 영업시간 안내판
[사진 5] 영국 최대 슈퍼마켓인 테스코(Tesco) 일부 대형 매장은 24시간 영업을 하고 있음

402
일간지들의 콤팩트 포맷화 추세

전통을 바탕으로 한 창의성과 실용성의 결과…

영국은 고리타분하다고 느껴질 정도로 전통을 중시하는 나라이다. 그러나 오래된 전통을 바탕으로 한 창의력(creativity)이 발휘되는 경우도 많다.

그 중 한 예가 바로 일간지들의 '콤팩트 포맷(compact format)'화 추세이다.

2003년 9월 진보 성향의 일간지인 '인디펜던트(The Independent; www.independent.co.uk)'는 영국 최초로 기존 '대형 규격(broadsheet)'에서 손에 잡기 쉽고 따라서 읽기 편한 콤팩트 포맷(가로 262mm×세로 340mm)으로 전환하여 발간하면서 영국 고품격(up-market) 신문 시장의 면모를 혁신하였다. 이 신문은 2005년 10월에는 일요일마다 발간하는 '인디펜던트 온 선데이(The Independent on Sunday)' 역시 동일한 콤팩트 포맷 규격으로 바꿨다.

이러한 콤팩트 포맷은 '선(The Sun)', '데일리 미러(The Daily Mirror)' 등 기존 소위 '타블로이드(Tabloid)'라고 불리우던 가십(gossip) 위주의 기사를 싣던 저품격(down-market) 신문들과 동일한 규격이다.

처음에는 고품격 전국지들의 반응이 싸늘하더니(?) 이제는 '타임스(The Times)', '데일리 텔레그래프(The Daily Telegraph)' 등도 모두 판형을 콤팩트 포맷으로 변경하였다.

이로써, 지하철이나 버스 등 좁은 대중교통 수단 공간 내에서도 이들 신문을 읽는 게 많이 편해져서 독자들의 반응이 좋다. 물론 '파이낸셜 타임스(The Financial Times)' 등 기존 대형 규격을 고집하는 일간지들도 있기는 하다.

한국에서는 '중앙일보'가 동일한 시도를 했는데 아직 다른 전국 일간지들은 이러한 움직임에 동참하지 않고 있다. 현재 런던에서는 고품격 일간신문, 저품격 일간신문, '메트로(The Metro)' 등의 무가 일간신문 및 지역 주간신문(local weekly) 등이 거의 다 콤팩트 포맷으로 발간되고 있다.

[사진 1] 인디펜던트(The Independent)   [사진 2] 선(The Sun)
[사진 3] 타임스(The Times)   [사진 4] 메트로(The Metro)

403
부동산 매매 및 임대 사인

형태 및 규격이 거의 표준화된 부동산 사인물들

영국에서 '부동산 중개소'는 'estate agent'라고 불린다. 한국과 마찬가지로 영국에서도 부동산 매매 및 임대의 대부분은 부동산 중개소를 통해서 이루어진다.

한국과 다른 점은 영국에서는 매매될 또는 임대될 부동산 소재지에 사인이 붙어있다는 사실… 이러한 사인은 부동산 중개소가 제작하여 설치하는 데 이는 해당 부동산을 빠른 시일 내에 매매 또는 임대될 수 있도록 도움을 주기 때문이다.

영국의 중남부 지역인 잉글랜드에는 산지가 거의 없어 한국과 달리 아파트(영국에서는 'flat(플랫)'이라고 불림)보다는 개별 주택이 훨씬 많다. 이들 개인 주택의 매매 및 임대의 경우에는 땅에 매설하는 방식의 팻말식 사인을 볼 수 있다. 상업용 건물(commercial property)의 경우에는 주로 건물 벽에 돌출간판 방식으로 사인을 부착하는 경우가 대부분이다.

매매의 경우에는 'For Sale'이라는 문구가, 임대의 경우에는 'To Let' 또는 'Let by XXXXXX(부동산 중개소 명칭)'라는 문구가 통상적으로 사용된다.

이들 사인의 중요한 콘텐츠는 해당 부동산 중개소의 로고 및 연락처이다. 부동산 중개소가 여러 개 개입할 경우 사인도 해당 숫자만큼 늘어나게 된다.

이러한 사인물들은 그 형태 및 규격이 거의 표준화되

어 있어 보는 이들로 하여금 해당 부동산의 매매 및 임대 사실을 쉽게 인지할
수 있게끔 해 준다.

영국의 대표적인 온라인 부동산 중개 사이트로는 'www.findaproperty

[사진 1] 개인 주택의 매매를 알리는 사인
[사진 2] 상업용 건물의 임대를 알리는 사인

.com'이 있다. 이 사이트를 방문하면 영국 전역의 모든 부동산에 대한 세부 정보가 사진과 함께 올라와 있다. 그러나 해당 부동산에 대한 상세한 정보(주소 포함)는 부동산 중개소를 통하여 안내받도록 되어 있다.

[사진 3~4] 개인 주택의 임대를 알리는 사인들

404
런던 지하철 주제 기념상품

친밀감을 주어 관광객들에게 인기

런던 지하철(The London Underground)은 현재 총 11개 노선 및 270개 역사를 운영하고 있으며 노선의 길이를 모두 합하면 402km에 달한다. 주중에는 하루 평균 3백6십만 명의 승객들을 수송한다. 하루 이용 승객수가 7백만 명에 달하는 서울 지하철에 비하면 규모가 작다.

런던의 기념품점에서 발견할 수 있는 다양한 상품 중에서 지하철을 주제로 한 것들이 꽤 많이 눈에 띈다.

[사진 1]은 지하철 로고 가운데에 'Mind the Gap.(지하철 승강장과 차량 사이가 넓은 경우 발이 빠지지 않도록 '사이를 조심하세요.'라는 의미임)'이라는 잘 알려진 문구를 사용한 티셔츠의 사례이다.

[사진 2~7]은 지하철을 주제로 한 다른 종류의 기념품 사례들이다.

서울에서와 마찬가지로 런던에서도 지하철은 시민이 가장 애용하는 교통수단 중의 하나이다. 따라서 지하철을 주제로 한 다양한 기념상품은 시민과 관광객이 친근감을 느낄 수 있어 다량의 판매가 이루어진다.

인터넷에서 'London underground souvenirs(런던 지하철 기념품)'를 검색해 보면 이러한 지하철 기념품을 판매하는 곳이 많음을 알 수 있다.

한편 지하철 로고와 지하철 노선도 등을 상업적 목적으로 사용하려면 사전에 라이센스 소유주인 '런던교통박

물관(London Transport Museum; www.ltmuseum.co.uk)의 승인을 얻어야 하는데 해당 라이센스 사용료를 지불해야 한다. 런던교통박물관은 '런던교통국 (Transport for London; www.tfl.gov.uk)'의 산하 기관이다.

[사진 1~7] 런던 지하철을 주제로 상품화된 '마인드 더 갭' 티셔츠, 앞치마, (남성용) 내의, 자, 머그, 열쇠고리, 마우스 매트

405
공동묘지는 마을 안에 소재
마치 죽음도 삶의 일부로 받아들이는 듯한 분위기

"한 여성이 유모차를 끌고 공동묘지에 들어서고 있다?"
괴기 영화의 첫 장면처럼 들릴 수도 있는 이 표현은 사진
에 나타나 있듯이 영국인들이 공동묘지(cemetery)에 대하
여 아무 거리낌이 없음을 그대로 보여 준다.

[사진 4]에 보이는 여성은 유모차를 끌고 공동묘지 내
에서 산책을 하거나 공동묘지 내 가로지른 길을 지름길
로 삼아 반대편 출구로 가는 중이다.

영국의 공동묘지는 대부분의 경우 일반 주민들이 거주
하는 지역 공동체의 한 부분으로 엄연히 자리 잡고 있다.
일부는 교회 부지 내에 있고 일부는 독립적으로 운영되
기도 한다.

사진에 보이는 공동묘지의 울타리 바로 바깥에는 일반
주택들이 자리 잡고 있다. 그렇다면 이들 주택의 창문 너
머로 보이는 광경은 바로 공동묘지가 된다. 그러나 이런
사실이 이런 집들의 매매시세에 전혀 악영향을 미치지
않는다.

[사진 3]에는 이 공동묘지의 개장 시간이 표시되어 있
다. 이 개장 시간 중에는 일반인들이 마음대로 드나들 수
있다. 물론 공동묘지에는 부지 내 관리사무소가 있다. [사
진 1]을 보면 공동묘지 출입구에 "허가 없이 개, 자전거,
오토바이와 차량의 통행을 금지합니다." 라는 고지문을
볼 수가 있다. 고인들에 대한 최소한의 예를 표해 달라는

뜻에서이다.

[사진 1] 영국 런던 서남부에 소재한 햄튼 공동묘지(Hampton Cemetery) 입구에 부착된 고지문
[사진 2~3] 공동 묘지 내부는 정리정돈과 유지보수가 잘 되어 있으며 개방시간도 엄격하게 통제된다.

[사진 4] 공동 묘지 내부는 산책 코스 및 통과 도로로도 사용된다.

사인 문화 및 트렌드 145

카페 느낌을 주는 부동산 중개소

방문 고객들에게 편안한 분위기를 제공

영국 그리고 특히 런던을 포함한 잉글랜드에는 산이 많지 않다. 따라서 영국에는 고층 건물이 적다. 대부분의 집은 단독 주택들이다.

이들 단독 주택들은 오래된 집부터 새 집에 이르기까지 모든 면에서 천차만별이기 때문에 집을 사고 팔 때에는 부동산 중개소(estate agent)의 역할이 매우 크다.

즉, 개별 주택의 프로필에 대한 세부적인 프레젠테이션이 매우 중요하다.

최근 들어 '폭스턴스(Foxtons)'라는 부동산 중개소 체인점에서는 자체 점포의 내외부 디자인을 혁신적으로 개선시켰다. 즉, 마치 카페와도 같은 분위기를 연출하여 고객들에게 방문하고 싶고 또한 방문한 후에는 오랜 시간 체류하고 싶은 느낌을 주는 것이다.

중개소 점포 내부의 한 켠에는 음료수를 제공받을 수 있는 공간이 있으며 중요한 위치에는 천장 걸이식 DID(digital information display) 스크린들이 거래 중인 주택들에 대한 동영상 프레젠테이션을 파노라마식으로 표출한다.

영국의 부동산 중개 시장은 매우 경쟁이 심하다. 이 경쟁에서 살아남기 위하여 부동산 중개소들은 서비스의 개선이 중요함을 인지하고 있다. 폭스턴스 홍보팀 담당자의 설명에 의하면, 실제로 위와 같은 카페 스타일의 점포 디자인을 채택하여 실행한 후 매출 및 이익이 향상되었다고

[사진 1] 폭스턴스 부동산 중개소 점포 내부

[사진 2] 사진 및 DID를 이용한 주택 정보 제공 쇼윈도

[사진 3] www.findaproperty.com 에 수록된 부동산 매물 정보 사례

한다. 현재 영국에서는 단지 폭스턴스뿐만 아니고 이와 같이 고객 지향의 관점
에서 점포 디자인을 개선하는 부동산 중개소들이 빠른 폭으로 늘고 있다.

[사진 4] 폭스턴스 부동산 중개소 점포 외부

Gautama Buddha
(c 563 BC~483 BC)

Gautama Buddha was a philosopher, teacher and religious leader. "Buddha", meaning "awakened one" or "enlightened one", is a title, not a name; the Shakyamuni Buddha, whose original name was Siddhartha Gautama, was the founder of Buddhism. Accounts of his life, discourses, and monastic rules are believed by Buddhists to have been summarized after his death and memorized by his followers. Various collections of teachings attributed to Buddha were passed down by oral tradition, and first committed to writing about 400 years later.

"The mind is everything.
What you think you become."

"마음이 전부이다. 사람은 생각하는 대로 변화한다."

**영국의
상징**

501 영연방 국기 · 152

502 '런던 아이', 런던의 랜드마크 · 155

503 안정적이고 침울하며 엄숙한 분위기의 런던 · 160

504 세계 최고 인기를 누리는 영국 왕실 · 163

501
영연방 국기

54개국이 영국을 주축으로 이룩한 범세계적 조직의 위상을 상징

'영연방(The British Commonwealth; www.thecommonwealth. org)'이란 영국과 과거 영국 식민지였다가 독립한 나라들이 자발적으로 구성한 국제기구이다. 영연방에 속한 국가는 모두 54개에 달한다. 전 세계 국가 수가 약 200개에 달한다고 보면 이중 1/4이 영연방에 속하는 셈이다. 실제, 영연방 국가들의 인구를 합하면 20억 명에 달하여 세계 인구의 30%를 차지하고 있다. 이들은 '영연방 게임 (Commonwealth Games)'이라는, 마치 올림픽과 같은 범세계적 운동 경기를 조직하여 운영하고 있다.

[그림 1]은 영연방을 상징하는 기(旗)의 디자인이다.

[그림 2]는 영연방에 속하는 국가들의 국기를 모아 놓은 것이다. 호주 등 몇 개 나라의 국기에는 영국 국기 (Union Jack)가 그 일부를 차지하고 있다.

일제 치하 식민지의 경험을 갖고 있는 우리나라의 입장에서 보면 식민지 국가들이 자발적으로 구성했다는 영연방의 사례가 이해되지 않을 법도 하다. 과거 제국주의라는 기치 아래 세계를 제패했던 영국과 일본이지만 식민지로 다스림을 받았던 국가들이 그들을 보는 시각은 너무나 다른 듯하다.

COMMONWEALTH FLAGS

ANTIGUA AND BARBUDA	AUSTRALIA	THE BAHAMAS	BANGLADESH	BARBADOS	BELIZE	BOTSWANA
BRUNEI DARUSSALAM	CAMEROON	CANADA	CYPRUS	DOMINICA	FIJI ISLANDS	THE GAMBIA
GHANA	GRENADA	GUYANA	INDIA	JAMAICA	KENYA	KIRIBATI
LESOTHO	MALAWI	MALAYSIA	MALDIVES	MALTA	MAURITIUS	MOZAMBIQUE
NAMIBIA	NAURU	NEW ZEALAND	NIGERIA	PAKISTAN	PAPUA NEW GUINEA	RWANDA
ST KITTS AND NEVIS	ST LUCIA	ST VINCENT AND THE GRENADINES	SAMOA	SEYCHELLES	SIERRA LEONE	SINGAPORE
SOLOMON ISLANDS	SOUTH AFRICA	SRI LANKA	SWAZILAND	TONGA	TRINIDAD AND TOBAGO	TUVALU
UGANDA	UNITED KINGDOM	UNITED REPUBLIC OF TANZANIA	VANUATU	ZAMBIA	THE COMMONWEALTH	

www.thecommonwealth.org

[그림 1] 영연방기(The Commonwealth Flag)
[그림 2] 영연방 소속 국가들의 국기

[그림 3] 영연방 소속 국가들(노란색으로 표시)

502
'런던 아이', 런던의 랜드마크

최상급의 협찬 매체로 자리잡아

2000년 초 새 천 년(New Millennium)을 기념하기 위해 런던이 야심적으로 준비하여 건립한 '런던 아이(London Eye)'는 일반인들이 탑승할 수 있는 대규모 관람차로서 이제는 런던의 대표적 랜드마크(landmark)가 되었다.

연간 총 3백5십만 명이 탑승하는 런던 아이는 고층 빌딩이 별로 없는 런던에서 관광객들에게 특이하면서도 훌륭한 볼거리를 제공한다. 관광객들은 개당 탑승 정원 25명을 태울 수 있는 에어컨디션이 완비된 캡슐(capsule) 안에서 360도 파노라마식 경관을 관람할 수 있다.

관람차의 직경은 120m, 하부 지지대를 포함한 전체 구조물의 높이는 138m에 달하는데 완공 당시 세계 최대 규모를 기록했다. 관람차는 시간당 약 1km의 속도로 회전하는데 한 바퀴 도는데 약 30분이 소요된다.

런던 아이는 최초 완공시 '브리티시 에어웨이즈 런던 아이(British Airways London Eye)'라고 불렸다.

그러나 이는 브리티시 에어웨이즈가 런던 아이의 건설과 운영에 참여했기 때문에 당연히 얻은 혜택의 하나였다.

2011년 1월 새로운 소유주인 멀린 엔터테인먼츠(Merlin Entertainments)는 에너지 회사인 'EDF 에너지'와 3년간에 걸친 타이틀 협찬 계약을 체결하였다. 보도에 의하면 계약금 총액은 £8백만(한화 약 140억 원)에 달하는 것으로 알려지고 있다.

[사진 1] 템스 강변에 소재한 런던 아이의 모습
[사진 2] 승객 탑승용 캡슐

런던 아이의 공식 웹사이트(www.londoneye.com)를 방문해 보면 아예 공식 명칭이 'EDF 에너지 런던 아이'로 확정되어 있음을 확인할 수 있다.

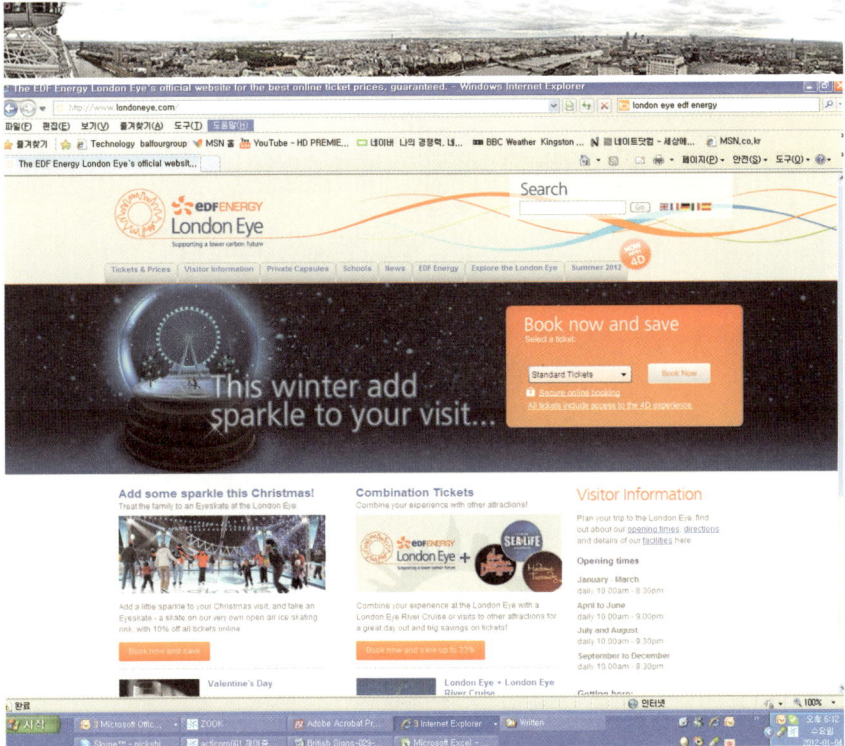

[사진 3] 런던 아이 캡슐에서 내려다보이는 런던 전경
[사진 4] 런던 아이 공식 웹사이트

[사진 5] 런던 아이에서 내려다보이는 영국 국회 의사당(Houses of Parliament)

503
안정적이고 침울하며
엄숙한 분위기의 런던

고풍스러운 건축 양식이 압도

런던은 기본적으로 중세 시대 도시이다. 이 도시에는 좁은 골목과 구불구불한 도로가 빼곡하게 점철되어 있다.

1666년 9월 나흘간 지속된 '런던 대화재(Great Fire of London)'로 당시 런던의 80%가 잿더미로 변한 사건도 있었다. 이 대화재 이후 런던에는 건물 사이의 이격 개념이 도입되었고 수많은 공원이 세워지기 시작했다고 한다.

런던의 건축 양식을 한 마디로 표현하자면 고풍스럽다고 해야 할 듯… 오래된 건물들도 많지만 새로 지은 건물들도 내부는 현대식이더라도 외관은 고전적인 형식을 취하는 경우가 많다. 또한 높은 건물의 건립은 건축 규제(building regulations)로 엄격하게 자제하는 분위기이다.

그 결과, 지은이가 런던에 거주하기 시작했던 1989년이나 20여 년이 지난 오늘날이나 런던의 분위기는 별로 바뀐 게 없이 안정적이고 침울하고 엄숙한 편이다.

특히 동절기에는 밤도 길고 음습하여 외국인들로서는 적응하기가 쉽지 않은 날씨가 이어진다. 하긴 드라큘라(Dracula)의 무대가 런던 아니었던가?

현지 거주하는 한국인들은 그들의 성격이나 취향에 따라 런던 생활에 대한 평가가 크게 갈린다. 영국식 삶과 분위기를 좋아하는 사람들과 그렇지 않은 사람들로… '다이내믹(dynamic)'하고 '익사이팅(exciting)'한 서울과는 커다란 차이가 존재한다고 하겠다.

[사진 1] 1666년의 런던 대화재를 묘사한 그림(작자, 연대 미상)
[사진 2] 영국 국회의사당 및 웨스트민스터 사원

[사진 3] 런던 최대 규모의 왕립 공원인 리치몬드 파크(Richmond Park)

[사진 4] 런던의 최상급 백화점인 해로즈(Harrods)

504
세계 최고 인기를 누리는 영국 왕실

전 세계적으로 알려진 웅장하고 화려한 비주얼 프레젠테이션이 눈길 끌어

영국은 소위 입헌군주국(constitutional monarchy)으로서 왕실은 존재하되 헌법의 지배를 받고 있다. 이러한 영국의 역사는 근대 의회 제도 및 민주주의의 역사와 궤를 같이 한다.

가장 늦게 세계적 식민지를 보유한 국가이기 때문일까? 영국의 왕실은 다른 어떤 나라의 왕실보다 가장 널리 알려졌고 가장 모범적이고 가장 인기 있는 왕실로 칭송받고 있다. 그 이유 중의 하나로 왕가의 남자들은 전쟁 발발 시 자국의 이익을 지키기 위하여 최전선에 나선다. 즉, 국방의 의무를 헌신적으로 수행함으로써 국민의 자발적인 존경심을 받는다.

현 엘리자베스 2세 여왕(Queen Elizabeth II)은 1952년 2월부터 왕위에 재위 중이다. 여왕은 정당에 관련된 일체의 행위에 관여하지 않으며 중립적인 정치 행사에 나름대로 역할을 수행한다. 또한 여왕은 영국 군대의 최고 통수권자이다.

잘 알다시피 찰스 황태자와 다이애나 황태자비의 결혼식, 다이애나 비의 장례식, 그리고 2011년 4월 윌리엄 왕자와 케이트 미들턴 양의 결혼 등 화려한 의식들에 전 세계인들의 이목이 쏠려 왔다.

오늘도 왕가 구성원의 일거수일투족은 전 세계적인 뉴스거리가 되고 있다. 영국 왕실의 비주얼 프레젠테이션

은 세계 정상급이라고 할 수 있다.

　그러나 최근에는 영국 왕실은 과거 식민지를 보유하던 제국주의의 산물이
므로 폐지하여 영국을 공화국으로 만들자는 주장도 등장하고 있으며 호주처

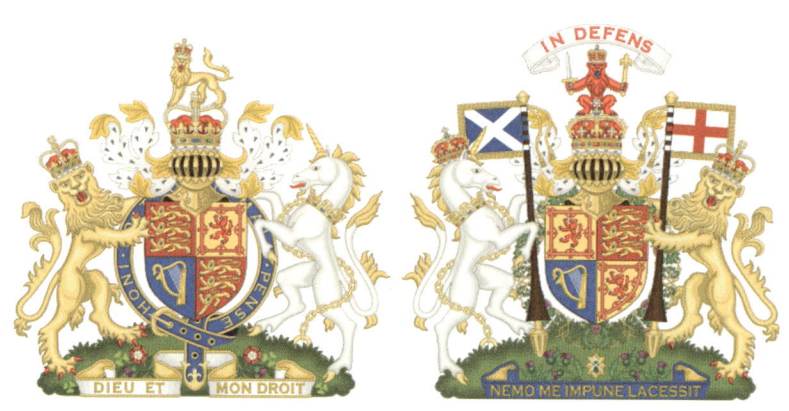

[사진 1] 1953년부터 엘리자베스 2세 영국 여왕을 위해 사용되고 있는 영국 왕실의 공식 문장
[사진 2] 영국 왕실의 주관저인 버킹엄 궁(Buckingham Palace)

럼 영국 여왕을 국가수반으로 모시는 나라에서도 더 이상 그렇게 하지 말자는
주장들이 자주 등장하고 있다. 이러한 주장들이 아직은 대다수의 생각은 아닌
듯하지만…

[사진 3] 2011년 윌리엄 왕자와 케이트 미들턴 양의 결혼 기념품 중의 하나인 차 받침("침착해라, 너는 아직도 해리 왕자와 결혼할 수 있다"
는 문구는 윌리엄 왕자의 동생인 해리 왕자가 아직 미혼이므로 많은 다른 여성들이 해리와 결혼하여 왕세자비가 될 수 있다는 유머러스한
표현임)

[사진 4] 1981년 7월 버킹엄 궁 앞에 운집한 수많은 축하객 앞을 통과하는 찰스 왕자와 다이애나 왕세자비의 결혼 기념 행렬

"The weak can never forgive. Forgiveness is the attribute of the strong."

"약한 자들은 절대로 용서할 수 없다. 용서란 강한 자들이 지닌 특성이다."

The Ganges, Varanasi, India

Mahatma Gandhi
(2nd October 1869~30th January 1948)

Mohandas Karamchand Gandhi, commonly known as Mahatma Gandhi ("Great Soul") and in India as Bapu ("Father"), was an advocate and pioneer of non-violent social protest in the form he called Satyagraha. He led the struggle for India's independence from British colonial rule.

부록

1 영국 국가 개요 · 168
2 영국식 영어 · 183

영국 국가 개요 The United Kingdom Country Profile

여기에 제공하는 정보는 Wikipedia, BBC, 위키백과, 주한영국대사관 웹사이트 등에 수록된 내용을 지은이가 나름대로 정리한 것이다.

1. 개관

(1) 일반
- 공식 국가 명칭: The United Kingdom of Great Britain and Northern Ireland
- 위치: 서유럽
- 수도: 런던(London)
- 면적: 242,514km²
- 기후: 온대 해양성
- 인구: 6천2백만 명(2011년)
- 인종: 백인(92.0%), 남아시아인(4.0%), 흑인(2.0%), 혼혈(1.2%), 중국인(0.4%), 기타(0.4%)
- 언어: 영어(English)
- 종교: 기독교(71.6%)
- 국가: God Save the Queen
- 시간대: GMT(Greenwich Mean Time)
- 연월일 표기 방식: 일/월/년(dd/mm/yyyy)
- 운전 방향: 왼쪽
- 인터넷 도메인: .uk
- 국제 전화 코드: +44

(2) 정치
- 정치 체제: 입헌군주제(constitutional monarchy), 내각책임제

- 국가 원수: 엘리자베스 2세 여왕(Queen Elizabeth II)

- 의회: 양원제(상원(House of Lords) 741석, 하원(House of Commons) 650석)

- 주요 정당: 보수당, 노동당, 자유민주당

- 국제기구 가입: EU, UN, IFC, IMF, NATO, OECD, IDA 등

(3) 경제

- 인당 GDP: USD38,891(IMF, 2012년 추정)

- 화폐 단위: Pound Sterling(£, GBP)

- 회계연도: 4월 1일~3월 31일

- 산업 구조: 서비스업 77.1%, 제조업 22.1%, 농업 0.9%(2010년)

- 주요 수출품: 기계, 수송장비, 원유, 연료, 식료품(2009년)

- 주요 수입품: 기계류, 연료(2009년)

- 주요 부존자원: 원유, 천연가스, 석탄

- 경제적 강점: 금융산업 발달, 에너지 자원 풍부

- 경제적 약점: 높은 실업률

- 평균수명: 79세(2008년)

- 인당 CO_2 방출량: 9,400kg(2006년)

- 이동통신 가입자 수(100명당): 100명(2008년)

- 도로 포장률: 100%(2006년)

- 인터넷 사용자 수(100명당): 76명(2008년)

- 인당 에너지 소비량(석유 환산): 3,464kg(2007년)

(왼쪽부터) 영국기(Union Jack), 잉글랜드기, 스코틀랜드기, 웨일스기, 북아일랜드기

2. 정치

영국(The United Kingdom)은 잉글랜드(England), 웨일스(Wales), 스코틀랜드 (Scotland) 및 북아일랜드(Northern Ireland)로 구성되어 있다.

정치적으로는 현재 보수당(Conservative Party)의 데이비드 캐머론(David Cameron) 총리(Prime Minister)가 제 3당인 자유민주당(Liberal Domocrats)과의 연정을 이끌고 있다.

최근 영국은 스코틀랜드와 웨일스에 자치권을 보다 이양하는 조치를 취하고 있다. 에든버러(Edinburgh)에 소재한 스코틀랜드 의회와 카디프(Cardiff) 소재 웨일스 국회는 1999년 개원했는데 영국의 지방 분권화가 계속 논의되고 있다.

수십 년간의 무력 충돌의 현장이었던 북아일랜드는 1998년의 성금요일 협약의 체결로 분권화된 권력을 보유하게 된 새로운 의회의 성립을 이루었으며 이를 통해 항구적인 평화의 초석을 쌓았다. 이 지역은 이후에도 정치적 우여곡절을 통해 런던으로부터의 직접 지배로부터 벗어나는 과정을 겪고 있다.

국가수반(head of state)인 엘리자베스 2세 여왕(Queen Elizabeth II)은 아버지인 조지 6세(George VI)의 서거 직후인 1952년 영국의 여왕이 되었다. 입헌 군주로

엘리자베스 여왕은 캐나다와 호주를 포함한 16개국의 수반이다.
미국 대통령 버락 오바마와 데이비드 캐머론 영국 총리

서 여왕의 입법적 절차상의 역할은 거의 의례적이다.

데이비드 캐머론은 중도좌파인 노동당(Labour Party)의 13년 통치 끝에 자신이 속한 중도우파인 보수당이 정권을 장악하면서 2010년 5월 11일 자유민주당과의 연합 정부를 총괄하는 수상 자리에 올랐다. 선거 시스템상 통상 최대 다수당이 과반석 이상 의석을 확보하는 게 관례화된 영국에서 70년 만에 공식적인 연정이 탄생한 것이다.

캐머론 수상은 영국이 2008년의 세계적 금융 위기에 기인한 깊은 경기 침체로부터 서서히 회복되어 가는 와중에 막대한 규모의 재정적자에 맞닥뜨리면서 이러한 경제적 문제들을 해결해야 하는 중대한 임무를 수행해야 할 처지에 있다. 그는 취임하자마자 정부 재정적자의 축소가 자신의 최우선 정책과제임을 천명했다.

1966년 런던에서 부유한 증권 브로커의 아들로 태어난 캐머론은 영국의 최상급 사립학교인 이튼 칼리지(Eton College)와 옥스퍼드 대학교(Oxford University)를 졸업했다. 그는 43세에 정권을 잡으면서 1812년 이래 최연소 수상이 되었다.

3. 국제

영국은 오래된 역사를 자랑하며 국제적으로도 EU, UN 및 NATO 등의 기구에서 중요한 역할을 담당하고 있다. 영국은 UN 안전보장이사회(United Nations Security Council)의 영구회원국이며, 영연방, G7, G8, G20, OECD, WTO의 회원국이기도 하다.

20세기 초 영국은 최강국으로서 범세계적인 제국을 형성하면서 그 위상을 정립한 바 있다. 2차에 걸친 세계대전과 제국의 쇠퇴로 영국의 위상은 감소하였지만, 여전히 군사력, 정치력 및 문화적 영향력은 세계적인 수준에 머물러 있다.

영국은 미국과 '특별한 관계(Special Relationship)'를 유지하고 있으며 프랑스

와는 '평화협정(Entente Cordiale)'을 체결하여 공동으로 핵무기 기술을 교환하고 있다. 영국은 이외에도 다른 EU 회원국 및 NATO 회원국 그리고 영연방 회원국들과 동맹 관계를 유지하고 있다.

4. 군사

영국 육군(British Army), 영국 공군(Royal Air Force) 및 영국 해군(Royal Navy)을 합쳐서 집합적으로 영국군(British Armed Forces) 또는 '여왕의 군대(Her Majesty's Armed Forces)'라고 칭한다.

영국군은 현재 전 세계에서 가장 규모가 크고 기술적으로도 선진화된 군병력 중의 하나이다. 2008년 현재 전 세계 약 20여 곳에 배치되어 임무를 수행 중이다.

최근에 영국군은 연합군의 일부로서 가장 부담이 큰 작전들을 수행해 왔는데 시에라리온(Sierra Leone), 보스니아(Bosnia), 코소보(Kosovo), 아프가니스탄(Afghanistan), 이라크(Iraq), 리비아(Libya) 사태에 관여하였다. 영국군이 단독으로 참여한 마지막 전쟁은 1982년의 포클랜드 전(Falklands War)이었던 바 영국군이 승리하였다.

영국 해군의 HMS 일러스트리어스(Illustrious) 항공모함

5. 경제

영국은 세계에서 최초로 산업화된 국가이다. 산업혁명(Industrial Revolution)은 18세기 영국에서 시작되어 초기에는 섬유 산업에 치중되었지만 곧이어 조선, 석탄 채광, 철강 제조 등의 부문으로 확산되어 갔다. 또한 해외 식민지의 확보로 영국은 자국의 제품을 판매할 시장을 대규모로 확보할 수 있게 되었다. 이로써 19세기의 국제 무역은 영국이 독차지하였다. 그러나 식민지의 상실과 양대 세계대전의 종식으로 영국의 경제는 쇠락의 길을 걸어왔다.

현재 영국의 경제는 세계 최상위권이지만 상당 기간 동안 제조보다는 서비스에 치중한 면이 컸다. 런던의 금융가는 서비스 위주의 국가 경제에서 차지하는 비중이 절대적으로 크다.

영국의 서비스 산업은 전체 GDP 대비 73%에 달한다. 런던은 뉴욕 및 도쿄와 함께 세계 경제의 3대 '지휘 센터(command centers)'에 속한다. 관광은 영국

잉글랜드 은행(Bank of England)은 영국의 중앙은행이다.

경제에 매우 중요하다. 영국은 세계에서 6번째로 큰 관광 대상지이며 런던은 가장 많은 국제 관광객들을 받아들이는 도시이다.

현재 영국은 2008년에 시작된 세계적인 금융 위기로 야기된 경기 침체를 극복하고자 애쓰고 있다. 거대한 정부 재정 적자폭을 줄이기 위한 긴축 정책들이 시행되고 있다. 실업률은 2008년 5월의 5.2%에서 2009년 5월에는 7.6%, 그리고 2012년 1월에는 18~24세의 실업률이 22.5%에 달하기에 이르렀다. 또한 정부 채무는 2007년 12월 GDP 대비 44.5%였다가 2010년 12월에는 GDP 대비 76.1%로 늘어났다.

한편 영국은 EU(European Union)의 멤버이지만 유로화에는 가입되어 있지 않다. 2011년 가을 매우 심각한 상태에 도달한 유로존의 위기를 타결할 목적으로 이미 체결된 EU의 리스본 조약에 대한 변경 제안을 영국이 거부함으로써 영국의 유로화 가입의 가능성은 점점 더 희박해지고 있다.

6. 인종

영국은 일부 대영제국의 유산에 기인하기도 하지만 인종적으로 다양하다. 따라서 최근 다문화, 이민 및 국가의 정체성 등의 이슈가 대두되고 있다. 이는 2005년 런던 교통 네트워크를 마비시킬 목적으로 시도된 자살 폭탄 사건으로 고조된 테러리즘과 이슬람 과격파에 대한 경계심이 배경이 되었다.

일부 정치가와 평론가들은 다인종 공동사회 내부의 결속을 강화하기 위하여 영국적 가치를 공유하는 게 절실히 필요하다는 의견을 피력하고 있다. 한편으로는 이민을 억제하는 정책을 찬성하는 의견도 있으나 이민자들이 영국에 이바지한 공로를 긍정적으로 평가하는 의견도 있다.

최근에는 동유럽 국가들이 EU 회원국으로 가입하면서 이들 국가의 노동자들이 영국으로 이주해 오는 경우도 많다.

7. 언어

영국의 표준 언어는 영어(British English)이다. 이는 올드 노스(Old Norse), 노만 프랑스어(Norman French), 그리스어와 라틴어의 영향을 크게 받은 영어 고어 (Old English)로부터 발전되어 왔다.

영어는 대영제국의 융성과 뒤이은 미국의 세계적 제패에 기인하여 이제는 가장 중요한 국제 언어 및 가장 많이 가르쳐지는 제2 외국어가 되었다.

영국내에서는 영어 이외에도 웨일스어(Welsh), 아일랜드어(Irish), 스코트랜드 게일어(Scottish Gaelic) 및 콘웰어(Cornish) 등의 지방 언어가 사용되고 있다.

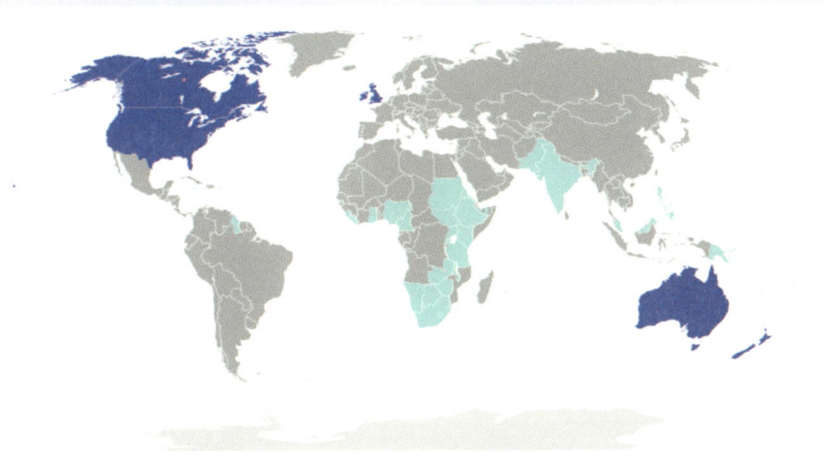

영어 사용권(파란색으로 표시된 국가에서는 대부분의 국민이 영어 원어민이며, 하늘색으로 표시된 국가에서는 영어가 공식 언어임)

8. 종교

잉글랜드 성공회(Anglican Church of England)는 잉글랜드의 공식 교회이다. 이는 영국 의회가 인정하는 종교이며 영국 왕실이 최고 위원이다. 스코틀랜드에서는 스코틀랜드 장로교(Presbyterian Church of Scotland)가 국교이다.

20세기 들어서서 영국은 외국 이민자들의 유입으로 다종교 사회(multi-faith society)가 되었다. 2001년도의 조사에 의하면 영국 국민의 71.6%가 기독교도이며 이슬람교가 2.8%, 힌두교가 1.0%, 시크교가 0.6%, 유대교가 0.5%, 불교가 0.3% 그리고 기타 종교가 0.3%인 것으로 나타났다.

9. 교육

잉글랜드에서는 5~16세에 대해서 의무 교육이 시행되고 있다. 대부분의 학생은 공립학교(state-sector school)에서 공부한다. 이들 공립학교의 대부분은 학업 능력에 따라 학생들을 선발하지 않는다.

2006년 GCSE(General Certificate of Secondary Education: 중등 교육 자격 검정 시험) 결과에 의하면 잉글랜드 내 10개의 최고 학업 성적을 낸 학교들 중 공립학교는 2개교가 포함되었다.

잉글랜드에서 사립학교를 다니는 학생들의 비율은 약 7%에 달한다. 또한, 케임브리지(Cambridge) 및 옥스퍼드(Oxford) 대학교를 다니는 학생들의 반수 이상이 사립학교 출신들이다.

2010년 QS 세계 대학교 순위 발표에 의하면 Cambridge University가 1위를 차지한 한편 University College London, University of Oxford 및 Imperial College London 이 세계 10대 대학교에 포함되었다.

10. 의료

모든 영국 국민과 영주권자들에게 '국가 의료 서비스(National Health Service)'는 진료가 필요한 시점에 무상으로 제공되며 이 진료 비용은 조세로 충당된다. 세계보건기구(World Health Organization)가 2000년 발표한 바에 따르면 영국의 의료 서비스 제공 수준은 유럽 내 15위 및 세계 18위이다.

웨스트민스터 사원(Westminster Abbey)은 영국 왕실의 대관식 장소로 사용된다.
케임브리지 대학교의 일부로서 1209년 설립된 킹스 칼리지(King's College)

1979년 이후 영국은 유럽 평균에 도달하기 위해 의료 부문 예산을 꾸준히 증가시켜 왔다. 오늘날 영국은 GDP의 8.4%를 의료 부문에 지출하는데 이는 OECD 국가 평균에 0.5% 못 미치는 수준이다.

11. 문화

영국은 1960년대의 비틀스(Beatles) 및 롤링 스톤스(Rolling Stones)의 전성기 이후 젊은이들의 문화 창조의 선봉에 서 있다.

영국은 또한 윌리엄 셰익스피어(William Shakespeare), 찰스 디킨스(Charles Dickens), 스콧 로버트 번즈(Scot Robert Burns), 웨일스 출신의 딜런 토마스(Dylan Thomas) 및 북아일랜드 출신의 셰이머스 히니(Seamus Heaney) 등의 작가들로 대변되는 풍부한 문학적 유산을 보유하고 있다.

또한 영국에는 전통적인 음악도 깊은 뿌리를 내리고 있어, 바로크 시대의 헨리 퍼셀(Henry Purcell) 및 20세기의 벤저민 브리튼(Benjamin Britten)에 이르기까지의 작곡가들이 그 전통을 이어왔다.

전세계적으로 10억장의 음반을 판매하면서 음악의 역사상 가장 상업적으로 성공한 바 있는 비틀즈(Beatles)
빅토리아 시대의 문호 찰즈 디킨즈(Charles Dickens)

12. 한영 관계

영국은 한국 전쟁에 임하여 참전 16개국 중의 하나로서 군사 및 경제적 지원 등을 제공함으로써 한국에 대한 공헌이 지대했을 뿐 아니라, UN을 비롯한 기타 많은 국제기구에서의 활동을 통해서 한국의 지위향상과 보전 및 우호 증진을 위해 많은 노력을 계속한 나라이다. 한국에 있어서 영국은 프랑스와 더불어 한국의 대서구제국 관계사에서 중추적인 존재이며, 적어도 전통적으로 대서구 외교전개의 2대 거점국이자 우방국이다.

1883년 우호통상조약이 조인되고 영국과 조선에 각각 영사 또는 공사를 파견한 후 일본에 의하여 외교 관계가 단절되었다가 1949년에 양국은 재수교하였다. 한편 영국은 조선민주주의인민공화국과도 외교관계가 있다.

1845년 영국 해군이 거문도에 상륙한 것이 영국인의 첫 방한이었다. 조미수호통상조약(1882년 음력 4월 6일 체결)과 동일한 내용으로 1882년 음력 4월 21일, 14개 조의 조영수호통상조약이 조인되었다. 그러나 영국 정부는 이것이 한일수호통상장정과 상이하다는 이유로 비준을 보류하였다. 결국, 1883년 11월

1922년 라디오 방송을 시작으로 영국민들의 일상에서 중요한 역할을 수행해 온 BBC 본사 전경

26일, 조선과 영국 간 우호통상조약 및 부속장정이 조인되었다. 1884년 4월 4일, 영국 공사 해리 파크스(Harry Smith Parkes)가 내한하여 비준서를 교환하고, 주한 영국 총영사로 상주하였다.

1885년 봄, 러시아의 남하정책에 의해 영국은 조선에 대한 영국의 영향력 약화를 우려한 나머지 거문도를 조선과의 일절 협의도 없이 불법 점령하고 조선의 강력한 항의로 철수했다. 1900년 주한 영국 총영사관이 공사관으로 격상되었다. 1901년 주영국 공사관이 개설되고 민영돈 초대 공사가 런던에 부임(1901년 7월)하였다.

을사늑약 체결 후 1906년 공사관이 총영사관으로 격하되었다. 1910년 국권침탈 이후에도 총영사관은 계속 유지되었다. 광복 이전까지 아무런 통교도 하지 않다가, 1946년 주한 영국 총영사관이 재개설되었다. 1949년 1월 18일, 영국 정부는 세계에서 세 번째로(미국, 중화민국에 이어) 대한민국을 정식으로 승인하고, 한국·영국의 국교가 수립되었다. 1949년 3월 17일, 비비안 홀트(Vyvian Holt) 주한 영국 공사의 신임장이 제정되고, 주한 영국공사관이 설립되었다. 1949년 12월 31일, 초대 주영 공사로 윤치창이 임명되고 1950년 2월 17일 공사관이 개설되었다. 1950년 6월 6일, 비비안 홀트가 주한 영국공사로 취임하였는데, 한국 전쟁 때 북한으로 납치되었다.

영국은 한국전쟁 때 미국에 이어 두 번째로 가장 큰 규모의 UN 소속 군병력을 파견한 바 있다. 8만 7천 명의 영국군이 한국전에 참전, 1천 명 이상의 귀중한 목숨을 잃었다. 영국군이 참여한 많은 전투 중 가장 유명한 것은 1951년 4월 영국 제29 보병 여단이 싸운 '임진강 전투'이다. 한국 전쟁 후 영국 정부는 한국 재건을 위해 USD2,600만을 제공하였다.

한 때 유엔 결의로 북한과 중국에 대한 전면적인 물자 금수조치가 취해진 후 영국은 1957년 3월 4일 단독으로 대 중국금수의 일부 완화를 선언하게 되어 한국정부는 그것이 북한의 이익에 도움이 되는 이적행위라는 점에서 항의하는 사태가 생겼다. 이에 대해서 영국은 완화조치가 비전략물자에 한정된 것이라 밝히고, UN의 한국 문제에 있어서 지속적으로 한국을 지지하였다.

1957년 6월 13일, 한영 양국은 공사관을 대사관으로 승격하기로 합의하였고, 1957년 6월 28일, 허버트 에번스(Hubert J Evans) 주한 영국공사가 초대대사로 승진하여 신임장을 제정하였다. 1957년 주영국 초대 대사에 임명된 김용우가 10월 28일 영국 런던에 도착하였다. 1958년 5월 14일, 한국 정부는 돌연히 김용우 대사를 해임하였다. 그 이면에는 제네바에서 열린 국제해양법회의에서 제시된 미국 안에 대하여 반대표를 던진 김용우 수석대표에 대한 문책이었다고 추측된다.

영국의 경우 1973년 주한 영국 문화원이 서울에 설립되면서 양국 관계에 새로운 차원이 부가되었다. 양국간의 문화적 관계도 더 긴밀해졌다. 영국에서 유학하는 한국인들의 수는 한국전 이후 꾸준히 증가해 왔다. 1990년대에는 유학생 수가 폭발적으로 증가해서 2009년에는 2만 명을 넘어섰다. 매년 많은 한국 학생들이 영국 정부가 수여하는 쉐브닝 장학금(Shevening Scholarship: 영국 외무성 장학금)의 혜택을 입고 있다.

1964년 양국 간 총무역량은 USD1천만 수준이었으나, 2009년에는 USD67억으로 크게 증가했다. 많은 한국기업이 영국에 투자하고 있으며 한국 시장 개방이 가속화되면서 영국 기업들의 투자도 USD100억에 이르고 있다.

양국 관계의 획기적 사건은 1999년 4월 영국의 엘리자베스 2세 여왕과 에든버러 공이 한국을 공식 방문한 것이다. 여왕 부처는 청와대에서 열린 환영 의전에서 김대중 대통령의 공식 영접을 받았으며 광범위한 행사들로 짜인 일정을 보냈다. 이채로웠던 행사로 여왕은 안동 지방의 하회 마을을 방문하여 한국 전통문화의 여러 가지 모습을 접할 기회를 가졌다. 여왕 부처는 서울에서 다수의 한영 기업 지도자들을 접견하기도 했다.

2004년 12월에는 노무현 대통령이 엘리자베스 2세 영국 여왕의 초청을 받아 방영했다. 이 방영은 한국 대통령으로서는 사상 처음으로 영국을 국빈 방문한 행사로서 점차 성숙해 가는 양국 관계를 반영하는 행사이기도 했다. 영국 여왕은 국빈 방문 초청을 매년 두 차례만 가지고 있다.

2008년 9월에는 영국의 앤드루 왕자(Prince Andrew, Duke of York)가 나흘간의 일정으로 방한했다. 앤드루 왕자는 영국 무역투자청 특별대표 자격으로 방한하여 한영 무역 관계를 강조하고 발전시키기 위해 방한했다.

2009년 이명박 대통령은 런던 정상회담 참석차 영국 런던을 방문하여, 당시 고든 브라운(Gordon Brown) 영국총리를 접견하고 양국관계 증진 방안에 대해 논의했다.

한편, 한국 외교통상부(www.mofat.go.kr)가 집계한 '2011년 재외동포 현황'에 따르면, 영국 거주 동포(한국 및 영국 국적자의 합계)는 총 46,829명에 달하고 있다.

2011년 재영 동포 현황(명)		
한국 국적 동포	영주권자	9,170
	일반 체류자	14,820
	유학생	19,000
	소계	42,990
영국 국적 동포(시민권자)		3,839
계		46,829

2011년 재영 동포 현황 (한국 외교통상부 발표)
영국내 최대 한인 밀집 거주 지역인 뉴몰던(New Malden)을 중심으로 발간되고 있는 교민 주간지들

영국식 영어 British English

영국인들은 미국식 영어(American English)와 구별하여 그리고 영어의 종주국임을 자부하는 의미로 영국식 영어를 '여왕의 영어(Queen's English)'라고도 칭한다. 여기에서는 영국에서의 일상생활을 통해 자주 접하는 단어 및 어구들을 정리했다. 단, 본 내용은 지은이의 개인적 경험에 바탕을 둔 정보로서 학술적 및 사전적 정의와는 차이가 있을 수 있으며 따라서 독자의 단순 참고용으로 제공드림을 밝힌다.

단어 및 어구	설명
abbey	대수도원 (예) Westminster Abbey
alien	공민권이 없는 거류 외국인(non-nationalised foreigner) (예) alien registration card: 영국 체류 외국인이 소지해야 하는 신분증명서
Anglicanism	영국 국교회(성공회) (주) Catholicism: 천주교, 구교, 로마정교; Protestantism: 개신교, 신교
anti-clockwise	시계 반대 방향(으로) (주) 미국식 영어로는 counter-clockwise임
antique fair	골동품을 모아 놓고 파는 시장(주로 주말에 열림)
asthma	천식
B&B	bed & breakfast의 약어로 잠자리와 아침 식사를 제공하는, 통념상 호텔보다는 격이 낮은 민박 스타일의 숙박업소
bank holiday	England에서 주말 이외의 휴일(연 6회 정도), 은행의 법정 휴일에서 유래된 명칭임
betting	도박, 내기
bike	원래는 bicycle의 약어이나 motorcycle(오토바이)의 뜻으로도 사용됨 (예) bike delivery: 서류 및 소화물을 긴급 배달해 주는 서비스로 오토바이, 승용차 또는 자전거가 이용됨
birth certificate	출생증명서

단어 및 어구	설명
black cab	London 등 대도시에 풍뎅이 모양을 한 채 다니는 명물 택시를 지칭하며, 이름과는 달리 검은색 외에도 붉은색, 흰색, 청색의 택시들도 있음 ㈜ 승객이 타고 있지 않을 때 FOR HIRE라는 황색등에 조명이 들어옴
boarding house	하숙집
boarding school	기숙학교 ㈜ 매일 통학하는 학교는 day school이라고 칭함
boot	승용차의 트렁크 ㈜ 미국식 영어로는 trunk임 (예) car boot sale: 상인들이 차 트렁크에 물건을 싣고 와서 그 자리에 부리면서 염가에 판다는 뜻의 막장
borough	city보다 한 단계 아래 격의 자치도시
Boxing Day	크리스마스 뒤에 오는 첫 평일을 공휴일로 지정한 날로서 크리스마스 선물상자(box)를 풀어보는 날이라는 의미가 담김
builder	목수 또는 목공
building society	대부 방식의 주택 건설 조합
Caesarean operation (section)	제왕절개술
calf	송아지, 복수형은 calves임 (예) calves' liver: 송아지 간 요리
caravan	차량에 부착하여 끌고 다니거나 또는 일정 지역에 가건물식으로 주차해 놓고 여행객을 투숙시키는 차량
car hire	자동차 렌탈, car rental이라고도 함
carp	잉어
car park	주차장 ㈜ 미국식 영어로는 parking lot임
cash & carry	낱개로는 판매하지 않고 세트, 박스 등 일정 규모 이상의 단위로만 판매하는 판매상, 따라서 염가 구매가 가능한 반면 손수 운반해야 함
chalet	스위스 산지의 별장식으로 지어진 주택
chapel	궁, 성, 저택, 학교, 병영, 교도소 등의 부속 예배당
chartered accountant	공인회계사 ㈜ 미국식 영어로는 CPA(certified public accountant)임
chemists	약국, pharmacy 라고도 칭함
cheque	수표 ㈜ cheque guarantee card: 수표의 기재사항을 보증하는 데빗 카드 (debit card)

단어 및 어구	설명
child benefit	영국에서 출생한 자녀에 대하여 영국 정부가 양육비 보조금을 지급하는 사회복지 제도
Chinese leaves	배추 (주) leaves는 leaf의 복수형임
chunnel	영국과 프랑스 사이의 도버해협(Strait(s) of Dover) 밑을 연결하는 해저 터널로서 channel과 tunnel의 합성어임
clearway	주정차 금지 도로
cod	대구 (주) fish'n' chips라는 요리의 주재료
commonwealth	연방, 연합체 (예) The British Commonwealth of Nations: 영연방
constable	경관, 순경(policeman과 같은 뜻임) 또는 궁, 성 등의 관리장관 (예) Constable of Windsor Castle: 윈저성의 관리장관
contraception	피임 (주) contraceptive: 피임약
cot	어린이용 침대 (예) travel cot: 여행 목적으로 만든 접이식 어린이 침대
county	주 또는 군(정치, 행정, 사법상 구역의 하나), 지역 명칭과 결합하면 ~shire가 됨 (예) the county of Berk=Berkshire
crab	게
cricket	크리켓 경기
croissant	초승달 모양의 프랑스식 아침 식사용 빵
delivery	납기, 배달, 분만 (예) artificial delivery: 인공분만; delivery suite: 분만실; normal delivery: 자연분만; painless delivery: 무통분만
detached house	독채 주택 (예) semi-detached house: 한쪽만 이웃집과 벽을 공유한 주택
diphtheria	디프테리아
disabled	신체장애인
DIY	do-it-yourself의 약어로 손수 작업이 가능하도록 제작된 각종 가정용품을 뜻함
double-decker bus	이층버스
exhaust	자동차 배기장치, 배기관
filling station	주유소 (주) 미국식 영어로는 gas station임

단어 및 어구	설명
fish'n' (and; &) chips	주로 대구와 감자튀김이 주재료인 간이식
flat	여러 가구가 사는 아파트식 주택
flatfish	넙치, 가자미, 광어류
flea market	벼룩시장(고물, 골동품, 염가품을 파는 노천 시장)
for sale	판매용 (예) not for sale: 비판매용
French fries	감자튀김, (potato) chips라고도 칭함
furnished house	가구가 비치된 주택 (예) unfurnished house: 가구가 비치되지 않은 주택
garage	차고, 차고식 주차장, 자동차 수리공장
gents	gentlemen's의 약어로 남자 화장실을 뜻함 (주) ladies: 여자 화장실
GMT	Greenwich Mean Time의 약어로 세계 표준시
golf course	골프 코스, 특히 해변에 소재한 경우는 golf links라고 칭함
Good Friday	성 금요일, 수난일, 부활절(Easter) 직전의 금요일로서 예수의 수난과 죽음을 기념하는 날
GP	general practitioner의 약어로 지역별로 분포된 1차 진료기관, 의원, surgery라고도 칭함
green card	alien registration card를 뜻함, 겉표지가 초록색에 가까운 데서 따온 별칭임
green fee	골프 코스 사용료
ground floor	지상층 (주) 한국식의 2, 3, 4층은 영국에서는 각각 1st(first) floor, 2nd(second) floor, 3rd (third) floor가 됨
hair dresser	이용사, 미용사
hard shoulder	고속도로의 가장자리에 있는 보조 도로면
health centre	보건소
health clinic	건강 상담소
health visitor	산후 조리 지원, 노약자 및 장애인 간호 등 가정을 방문하여 질병에 대한 가벼운 진료 및 상담을 제공하는 건강 상담원
herring	청어

단어 및 어구	설명
higher interest rate account	고금리 예금 계좌 ㈜ 주로 저축 계좌(savings account)에 해당됨
hire purchase system	분할불 구입 제도 ㈜ 미국식 영어로는 installment plan임
Home Office	내무성 ㈜ 외국인의 체류 허가는 Home Office 내 Immigration & Nationality Department에서 취급함
hoover	진공청소기(vacuum cleaner), Hoover 사 제품의 브랜드가 일반명사화된 사례임
horoscope	점성술(별점)에 사용되는 천궁도(12궁도) ㈜ astrology: 점성술
House of Commons	(국회의) 하원
immunisation	면역시킴 ㈜ immunity: 면역(성)
inventory	집안에 비치된 각종 기구 및 기물을 총체적으로 뜻함
Jack potato	삶거나 구운 통감자 요리
jumble sale	옷가지와 기타 생필품을 아무렇게나 섞어놓고 파는 막장
junk	고물, 폐품 (예) junk food: 건강에 좋지 않은(인공 감미료 등이 첨가된 패스트푸드 류의) 음식
kidney	콩팥, 신장
L	learner의 약어로 운전자가 교습을 받는 중이라는 뜻의 차량 외부 표지판
lager	저장 맥주
lawn mower	잔디 깎는 기계
leek	부추류의 채소
lettuce	상추
lift	엘리베이터 ㈜ 미국식 영어로는 elevator임
limited company	주식회사
lorry	트럭 ㈜ 미국식 영어로는 truck임
MOT	Ministry of Transport(운수성)의 약어 (예) MOT test: 차량의 연간 정기검사
midwife	조산원, 산파

단어 및 어구	설명
mind the gap	지하철 객차를 타고 내릴 때 자주 듣게 되는 방송 내용으로서, 객차의 문과 플랫폼 사이의 간격이 넓으니 주의하라는 뜻임
mind the step	통행로의 높낮이가 갑자기 바뀌어 발을 헛디디기 쉬우니 주의하라는 뜻
mini cab	콜택시
moped	오토바이보다 경량으로서 모터 달린 자전거, minibike라고도 칭함
mortgage	(담보) 대출금, 융자금
motorway	자동차 전용도로 또는 고속도로 ㈜ 미국식 영어로는 highway, freeway임
MP	member of parliament의 약어로 국회의원을 뜻함
multiple retailer (store)	연쇄점
NEC	National Exhibition Centre의 약어로 Birmingham에 소재한 국립 종합전시장
newsagent	신문, 잡지, 식품 및 일용품을 판매하는 가게 ㈜ 미국식 영어로는 newsdealer임
NHS	National Health Service의 약어로 영국 국민 및 영주권을 보유한 외국인의 경우 NI(National Insurance) 등록을 하게 되면 의료 혜택을 받을 수 있도록 NHS No를 부여받음
NI	National Insurance의 약어로 영국 국민 및 영주권을 보유한 외국인의 경우 가입해야 하는 국민 개보험, 가입은 개인별로 해당 지역별 DHSS (Department of Health & Social Security)에 신고 및 등록함으로써 이루어짐
nursery	육아실, 보육원, 탁아소
octopus	문어
off-licence	주류 판매 면허(를 보유한 점포)
P	park의 약어로 주차장을 뜻함
pensioner	연금생활자
petrol	휘발유 ㈜ 미국식 영어로는 gasoline임
pillowcase	베갯보
plaice	가자미, 넙치류

단어 및 어구	설명
play school	유아의 정서 발달을 위해 보내는 놀이학교
polio	(척수성) 소아마비
polo	4명이 1개조를 구성하여 겨루는 마상 경기
post code	우편번호 ㈜ 미국식 영어로는 zip code임
pregnancy	임신 ㈜ pregnant: 임신한
Prince of Wales	영국 황태자의 칭호
private	내실, 외부인에 대한 출입금지 표시임
pub	선술집
punk	불량배, 비행소년, 풋내기 등의 어감을 풍기는 펑크족
ramp	높이가 다른 두 면을 잇는 경사면이라는 뜻으로 도로면 공사 현장에 갑자기 높낮이가 달라지니 차량 운행에 주의하라는 취지로 표지가 부착되어 있음
redirection	주소 이전시 우체국에 신청하면 기존 주소로 수신되는 우편물을 신규 주소로 배달해 주는 서비스
rent	임대료
rental	임대 ㈜ 주택 임대의 경우에는 letting이라고도 칭함
revue	소희극, 춤과 노래 등을 함께 엮은 공연
roadworks	도로공사 구간 ㈜ 미국식 영어로는 construction zone임
roundabout	항상 우측에 있는 차량에게 진행의 우선권이 부여된 원형 교차로, traffic circle이라고도 함
rugby	럭비
salmon	연어
scampi	녹색의 큰 참새우
self-employer	개인사업자, sole trader라고도 칭함
senior citizen	연장자
shadow cabinet	재야 내각 (주) shadow foreign minister: 제 1야당의 외무성 장관 지명자

단어 및 어구	설명
shop-lifter	가게에 들어와서 물건을 사는 척하다가 슬쩍 훔쳐가는 좀도둑
shrimp	새우
smear test	(특히 자궁암의 세포진 점검을 위한) 도말 표본 검사
sole	혀가자미, 혀넙치류
solicitor	사무변호사, 정식 법정 변호사인 barrister에 비해 하급 변호사로서 의뢰받은 사건의 서류 작성 등 법률 사무를 담당함
spud	감자, 구어체 표현임
squid	오징어
subway	사람이 통행하는 지하도
tetanus	파상풍
thoroughfare	양 끝이 뚫려 있어 통과할 수 있는 도로 (예) No Thoroughfare: 통과 불가
through street	직진하려는 차량이 진입, 횡단하려는 차량보다 우선권이 있는 도로
to let	임대 놓음
toiletries	화장, 세면용품
trolley	공항 등에서 짐을 실어 나르는 운반구, 골프장에서 골프 클럽을 싣고 다니는 운반구
trout	송어
turf	잔디(밭)
TV licence fee	TV 시청료
underground	지하철
VAT	value-added tax의 약어로 부가가치세
veal	송아지 고기
ward	특정 환자들(보통 6명 이상)을 수용하는 병동, 병실 (예) maternity ward: 임산부 병동
wheel clamp	불법 주차 차량이 움직일 수 없도록 한쪽 바퀴에 채우는 꺾쇠 잠금장치

단어 및 어구	설명
while-u-wait service	u는 you를 의미하는 것으로서, 고객이 기다리는 동안 서비스를 제공한다는 뜻임
whopping cough	백일해
wind screen	자동차의 앞 유리창
wiper	자동차 앞 또는 뒷유리에 부착되어 우천시에 비를 닦는 장치

감사의 말씀

이 책은 지은이가 기획하고 원고를 작성했으나
완성되기까지 많은 분들의 도움을 받았다.

우선 함께북스 조완욱 대표이사님 이하
임직원 여러분의 전폭적인 지원으로
이 책을 출간할 수 있게 된 점 머리 숙여 감사드린다.

또한 이 책의 거의 모든 콘텐츠는 옥외광고 업계지인
SP 투데이에 수년간 별도 칼럼으로 연재된 바 있다.
지면을 허락해 주신 최병렬 대표이사님 이하
임직원 여러분의 수고해 주심에 감사의 뜻을 전한다.

또한 이 책이 출간되도록 적극적으로 자문해 준
도서출판 장서가의 백영곤 대표이사님,
그리고 이 책의 기본 디자인을 맡아 준
웹컨설턴트 겸 디자이너인 최추환 님의 노고를 잊을 수 없다.

2012년 6월
지은이 신현택